A word cloud of names:

Tucholsky, Wagner, Zola, Scott, Sydow, Freud, Schlegel, Turgenev, Wallace, Fonatne, Twain, Walther von der Vogelweide, Fouqué, Friedrich II. von Preußen, Weber, Freiligrath, Frey, Fechner, Fichte, Weiße Rose, von Fallersleben, Kant, Ernst, Richthofen, Frommel, Hölderlin, Engels, Fielding, Eichendorff, Tacitus, Dumas, Fehrs, Faber, Flaubert, Eliasberg, Ebner Eschenbach, Feuerbach, Maximilian I. von Habsburg, Fock, Zweig, Ewald, Eliot, Vergil, Goethe, Elisabeth von Österreich, London, Mendelssohn, Balzac, Shakespeare, Dostojewski, Ganghofer, Trackl, Lichtenberg, Rathenau, Doyle, Gjellerup, Stevenson, Tolstoi, Hambruch, Mommsen, Thoma, Lenz, Hanrieder, Droste-Hülshoff, Dach, Verne, von Arnim, Hägele, Hauff, Humboldt, Reuter, Rousseau, Hagen, Hauptmann, Karrillon, Garschin, Defoe, Baudelaire, Gautier, Damaschke, Descartes, Hebbel, Hegel, Kussmaul, Herder, Wolfram von Eschenbach, Dickens, Schopenhauer, Rilke, George, Bronner, Darwin, Melville, Grimm, Jerome, Bebel, Proust, Campe, Horváth, Aristoteles, Voltaire, Federer, Bismarck, Vigny, Barlach, Herodot, Gengenbach, Heine, Storm, Casanova, Tersteegen, Gilm, Grillparzer, Georgy, Chamberlain, Lessing, Langbein, Gryphius, Brentano, Lafontaine, Strachwitz, Claudius, Schiller, Kralik, Iffland, Sokrates, Katharina II. von Rußland, Bellamy, Schilling, Gerstäcker, Raabe, Gibbon, Tschechow, Löns, Hesse, Hoffmann, Gogol, Wilde, Gleim, Vulpius, Luther, Heym, Hofmannsthal, Klee, Hölty, Morgenstern, Roth, Heyse, Klopstock, Kleist, Goedicke, Luxemburg, Puschkin, Homer, Mörike, La Roche, Horaz, Musil, Machiavelli, Kierkegaard, Kraft, Kraus, Navarra, Aurel, Musset, Moltke, Lamprecht, Kind, Kirchhoff, Hugo, Nestroy, Marie de France, Laotse, Ipsen, Liebknecht, Nietzsche, Nansen, Ringelnatz, Marx, Lassalle, Gorki, Klett, Leibniz, Irving, von Ossietzky, May, vom Stein, Lawrence, Petalozzi, Platon, Knigge, Kafka, Sachs, Pückler, Michelangelo, Kock, Poe, Liebermann, Korolenko, de Sade, Praetorius, Mistral, Zetkin

Der Verlag tredition aus Hamburg veröffentlicht in der Reihe **TREDITION CLASSICS** Werke aus mehr als zwei Jahrtausenden. Diese waren zu einem Großteil vergriffen oder nur noch antiquarisch erhältlich.

Symbolfigur für **TREDITION CLASSICS** ist Johannes Gutenberg (1400 — 1468), der Erfinder des Buchdrucks mit Metalllettern und der Druckerpresse.

Mit der Buchreihe **TREDITION CLASSICS** verfolgt tredition das Ziel, tausende Klassiker der Weltliteratur verschiedener Sprachen wieder als gedruckte Bücher aufzulegen – und das weltweit!

Die Buchreihe dient zur Bewahrung der Literatur und Förderung der Kultur. Sie trägt so dazu bei, dass viele tausend Werke nicht in Vergessenheit geraten.

Krebsbüchlein - 1. Teil

Christian Gotthilf Salzmann

Impressum

Autor: Christian Gotthilf Salzmann
Umschlagkonzept: toepferschumann, Berlin
Verlag: tredition GmbH, Hamburg
ISBN: 978-3-8424-9303-2
Printed in Germany

Rechtlicher Hinweis:
Alle Werke sind nach unserem besten Wissen gemeinfrei und unterliegen damit nicht mehr dem Urheberrecht.

Ziel der TREDITION CLASSICS ist es, tausende deutsch- und fremdsprachige Klassiker wieder in Buchform verfügbar zu machen. Die Werke wurden eingescannt und digitalisiert. Dadurch können etwaige Fehler nicht komplett ausgeschlossen werden. Unsere Kooperationspartner und wir von tredition versuchen, die Werke bestmöglich zu bearbeiten. Sollten Sie trotzdem einen Fehler finden, bitten wir diesen zu entschuldigen. Die Rechtschreibung der Originalausgabe wurde unverändert übernommen. Daher können sich hinsichtlich der Schreibweise Widersprüche zu der heutigen Rechtschreibung ergeben.

Text der Originalausgabe

Christian Gotthilf Salzmann

Krebsbüchlein – 1. Teil

Pädagogische Schriften

Mit einer biographischen Einführung und Auszügen aus »Konrad Kiefer«

Vorwort

Salzmann gehört zu der philanthropischen pädagogischen Bewegung, die für den deutschen Lehrer der Gegenwart mehr als nur historisches Interesse hat. Die Philanthropen sind Zeitgenossen der großen Dichter und Denker des deutschen Volkes, die in der zweiten Hälfte des 18. Jahrhunderts die menschliche Entwicklung so nachhaltig förderten. Sie streben – wie jene – über die nationalen Schranken hinaus und wollen die körperlichen und geistigen Kräfte jedes Menschen entwickeln und »Europäer bilden, deren Sinn auf die Wohlfahrt des Nächsten gerichtet ist und die sich unter dem russischen Zepter nicht weniger glücklich fühlen als in der Republik des Alpenlandes«. In den Schulanstalten der Philanthropen – an sich Pensionaten, die in der Regel nur Kindern aus sehr begüterten Familien zugänglich waren – sammeln sich Kinder aus allen europäischen Ländern. Das pädagogische Interesse wird dadurch überall in Europa mächtig geweckt; die Philanthropine sind Versuchsschulen, in denen eine neue naturgemäße Erziehung auf der Grundlage der Ideen Lockes und Rousseaus erprobt wird. So wird die oft unzulängliche Erfahrung durch das Experiment ergänzt und der Versuch gemacht, die Erziehung zu einer Wissenschaft zu erheben. Die körperliche Erziehung wird eingeführt, durch Anschauung und lebendige praktische Lehre der tote Gedächtniskram aus der Schule verbannt, die harte Schulzucht wird umgestaltet, und die Schulen werden zu »heiteren Sitzen des Frohsinns, der Gesundheit und der Liebe« umgestaltet. Basedow gilt als das geistige Haupt der Schule; aber seine marktschreierische Art, seine mannigfachen Charakterschwächen und sein geringes praktisches Können lassen seine Schriften als veraltet erscheinen. Salzmann dagegen, der beste Praktiker, der gewandteste Schriftsteller und der liebenswerteste Mensch unter den Philanthropen, ist in seinen besten Schriften der beste Künder des philanthropischen (d. h. menschenfreundlichen) Geistes für die Gegenwart.

I. Das Leben Salzmanns

In Sömmerda bei Erfurt kündet nahe der Kirche ein Denkmal davon, daß hier am 1. Juni 1744 Christian Gotthilf Salzmann als Sohn eines Predigers geboren ist. 12 Jahre hat er in der kleinen thüringischen Stadt eine glückliche Jugend verlebt. Vater und Mutter fanden in der Erziehung ihrer Kinder ihr bestes Glück. Die Mutter brachte ihm im 5. Lebensjahre nach der damals üblichen Buchstabiermethode das Lesen bei; der Vater begann wenig später mit dem lateinischen Sprachunterricht. In diesem frühen Alter lernt Salzmann nach seinem eigenen Zeugnis das Latein mit eben dem Vergnügen und der Leichtigkeit wie vorher die Verschen aus dem ABC-Buche. Als er später in die Ortsschule eintritt, ist er seinen Mitschülern in allen geistigen Dingen weit voraus; dagegen fühlt er sich beschämt, daß er an Körperkraft an körperlicher Gewandtheit weit hinter ihnen zurücksteht. Das erscheint ihm schon jetzt als ein schwerer Mangel seiner Erziehung; er wird diese Erfahrung nicht vergessen. Der traurige Religionsunterricht in Kirche und Schule, den Salzmann erlebt, wird für ihn später der Anlaß werden, sich mit der Methodik des Religionsunterrichts besonders eingehend zu beschäftigen. »In der Schule« sagte er, »wurde eigentlich gar kein Religionsunterricht erteilt; denn das Auswendiglernen von Sprüchen ohne alle Erklärung kann doch nicht Religionsunterricht heißen«. Nie wird er vergessen, daß er manche Stellen aus Bibel und Gesangbuch, die nach Sprache und Inhalt ganz unkindlich waren und ohne jede Erklärung auswendig gelernt werden mußten, ganz falsch verstand. So hatte er aus dem alten Erfurter Gesangbuch die Stelle lernen müssen: »Den alten Menschen kränke, daß er neu leben mag«. Als nun die alte, von ihm sehr geliebte Großmutter eines Tages ruhig an ihrem Spinnrade saß, trat Gotthilf, mit einer Rute bewaffnet, in die Stube und begann sie zu schlagen. Der erschrockene Vater riß ihm die Rute aus der Hand und fragte entrüstet: »Wie kannst du deine gute Großmutter schlagen?« Der Knabe erwiderte gelassen: »Es steht ja im Gesangbuche. Ich habe die Großmutter gekränkt, damit sie neu leben soll.« 1756 kommt Salzmann auf das Gymnasium in Langensalza, dem er einen Teil seiner recht gründlichen Bildung verdankt. Da Salzmanns Vater inzwischen nach Erfurt versetzt ist, nimmt er schon nach 2 Jahren seinen Sohn wieder zu sich, der jetzt durch Privatunterricht und durch den Besuch einiger Vorlesungen auf der damals noch bestehenden Erfurter Universität seine Schulbildung zum Abschluß bringt. Mit 17 Jahren bezieht Salzmann dann als Student der Theologie die Universität in Jena. Von dem geräuschvollen und oft rohen studentischen Treiben jener Zeiten hält sich Salzmann zurück; seine Erholung sucht er in der Natur. Seine Freude an der Natur wird hier in der reizvollen Umgebung Jenas neu belebt, und es erwacht in ihm die Vorliebe für die Naturwissenschaften. »Die innige Freude, welche bei meinen Spaziergängen durch das Rauhtal (bei Jena) sich regte und zu genauerer Betrachtung und Beobachtung der mich umgebenden Naturgegenstände hinleitete, war mir bis dahin unbekannt geblieben.« Eine Sammlung inländischer Schmetterlinge und anderer Insekten, die er damals anlegte, wurde die erste Grundlage zu dem Naturalienkabinett in Schnepfental.

Nach dreijährigem Studium kehrte Salzmann in das Elternhaus zurück. Bis zu seiner Einberufung ins Pfarramt 1768 arbeitet er hier weiter an seiner Bildung, unterstützt seinen Vater in seinen Amtsgeschäften und unterrichtet seine jüngeren Brüder.

II. Als Pfarrer in Rohrborn und Erfurt

In dem einsamen Dörfchen Rohrborn bei Sömmerda fand Salzmann 1768 seine erste Wirkungsstätte als Pfarrer. Knapp 100 Taler brachte ihm sein Amt, so ist er gezwungen, seine Einnahmen durch Landwirtschaft zu vermehren, zumal er bald durch Heirat von Magdalene Schnell eine Familie gründete. Seine landwirtschaftlichen Erfahrungen sollten ihm später seine Wirksamkeit in Schnepfenthal sehr erleichtern. In Rohrborn lebte er ein stilles Leben der Pflicht. Hier in der dörflichen Abgeschiedenheit faßt er einen Plan für sein künftiges Leben. Dabei ist sein Lieblingsgedanke der Plan, eine eigene Erziehungsanstalt zu gründen und zu leiten. 1772 wird er aus der dörflichen Einsamkeit in die große Stadt Erfurt berufen. Er folgt seiner Familie wegen diesem Rufe, obwohl er die Wirksamkeit auf dem Dorfe vorzieht. Als Diakonus und später als Pfarrer wirkt er von 1772-1781 an der Andreaskirche in Erfurt. Hier findet Salzmann in seiner Gemeinde als Nachwirkung von Mißernten und Seuchen und auch des Siebenjährigen Krieges viel menschliches Elend. Salzmann sieht seine Pflicht nicht nur darin, sich um das Seelenheil seiner Gemeinde zu kümmern; er sucht auch nach Mitteln und Wegen, ihr irdisches Dasein zu bessern. In der mangelnden Aufklärung der Menschen findet er eine Hauptquelle des menschlichen Elends. Also muß die Erziehung gebessert werden. In den seiner Aufsicht unterstellten Schulen kann er nicht viel ändern, obwohl sie ihm in ihrer Anlage ganz verfehlt erscheinen. Salzmann muß viele Rücksicht nehmen und vieles in den Schulen geschehen lassen, was ihm nicht gut erscheint. Er kommt zu der Überzeugung, daß nur eine gänzliche Neugestaltung des Schulwesens eine Besserung herbeiführen kann. »Sie (die Mängel des bestehenden Erziehungswesens) kommen mir vor wie Mängel an einem Hause, das 1584 erbaut wurde und die erst 1784 entdeckt wurden. Um diesen Mängeln abzuhelfen, ist keine Reparatur hinlänglich; das alte muß abgerissen und ein neues aufgeführt werden ...« In Erfurt beginnt er nun schriftstellerisch für seine pädagogischen Ideen zu werben. 1777 erscheint sein »Krebsbüchlein«, das in dieser Ausgabe abgedruckt ist. Es hat großen schriftstellerischen Erfolg. Salzmann wird bekannt. Für sein weiteres Lebensschicksal entscheidend wurde seine 1780 herausgegebene Schrift »Über die wirksamsten Mittel, den Kindern Religion beizubringen.« Es heißt darin: »Wir müssen bei jedem Religionsunterricht alles Unangenehme während desselben entfernen und demselben die möglichste Anmut zu erteilen suchen«. Er wendet sich gegen das Auswendiglernen unverstandener Bibelstellen usw. »Wollt ihr den Kindern die Religion annehmlich machen, so bringt sie ihnen in Erzählungen bei.« In vier Stufen soll sich nach seinen Vorschlägen der Religionsunterricht vollziehen. Auf der ersten Stufe werden den Kindern keine biblischen Geschichten, sondern Erlebnisse aus dem Leben »guter« Kinder erzählt. Salzmann hat selbst eine große Anzahl solcher moralischen Kindererzählungen verfaßt. Auf der zweiten Stufe lernen die Kinder in chronologischer Folge die biblischen Geschichten kennen. Auf der dritten Stufe klären »Sokratische Unterredungen« die religiösen Vorstellungen der Kinder, und erst am Abschluß des Religionsunterrichts gibt es einen konfessionellen Unterricht, der auch die Unterscheidungslehren der einzelnen christlichen Konfessionen klarlegt. Salzmann fühlt wohl, daß eine solche Umgestaltung des Religionsunterrichts eine gänzliche Umgestaltung der Volksschule herbeiführen mußte, die bisher fast ausschließlich ihre Zeit dem dogmatischen Religionsunterricht widmete. Im Vorbericht seiner Schrift heißt es: »Gesetzt nun, daß der ganze Religionsunterricht auf eine Stunde täglich eingeschränkt würde, so entstünde ein leerer Raum, der Ausfüllung erforderte. Wir würden nun gezwungen, auch andere Kenntnisse der niedrigen Klasse der Menschen zu bringen und bei mäßigem Nachdenken sogleich auf die Naturwissenschaften verfallen. Auf einmal würde sich die Welt vor ihren Augen verändern; von der Sonnenfinsternis und der Gewitterwolke bis zur Rindsleber würden sie alles mit ganz andern Augen betrachten. Sie würden beobachten, nachdenken, Erfahrungen sammeln, Versuche anstellen: bald würden wir drei bis viermal soviel Beobachter haben, Beobachter, die nicht in den engen Raum einer Studierstube eingeschlossen wären, sondern die täglich Gelegenheit hätten, die Wirkungen der Natur mit ihren Augen zu betrachten. – Welche Vervollkommnung der menschlichen Natur hätten wir zu erwarten!« – Die in dieser Schrift vertretenen freien religiösen Anschauungen rufen bei vielen orthodoxen Amtsbrüdern Salzmanns einen Sturm der Entrüstung hervor. »Mein Buch über die wirksamsten Mittel, den Kindern Religion beizubringen, war, ich weiß nicht mehr durch wen, als ketzerisch, als ein Buch vorgestellt worden, das die Grundfesten der Religion umzustürzen suche. Es war in kurzer Zeit in den Händen der ganzen Stadt und der allgemeine Gegenstand der Stadtgespräche. Die Umstände wurden so bedenklich, daß ich mich vor öffentlichen Mißhandlungen nicht mehr gesichert hielt.« Seine Gemeinde hielt freilich treu zu ihm, und als er seiner Schrift und Amtsführung halber bei dem kurfürstlichen Statthalter Karl Theodor von Dalberg angeklagt wird, läßt dieser ihn kommen und lobt sein Buch und seine Amtsführung. Trotzdem fühlt sich Salzmann in Erfurt nicht mehr recht wohl; seine friedliebende Natur haßt den Streit wie »Zugluft«. Da wird er eben dieser Schrift halber an das Philanthropin in Dessau als Professor und Liturg berufen. Salzmann sieht in dieser Berufung einen Wink Gottes und nimmt an. Ungern sieht ihn seine Gemeinde scheiden. »Nachdem ich den Ruf nach Dessau angenommen hatte, bekam die Sache eine ganz andere Wendung. Ich wurde nicht nur von niemandem gekränkt, sondern jedermann beeiferte sich, meine Unschuld zu verteidigen und mir Beweise seines Beifalls und seiner Liebe zu geben. In seiner Abschiedspredigt an seine Gemeinde steht der folgende, für Salzmanns Persönlichkeit sehr charakteristische Satz: »Die höchste Würde, nach der ich mein Lebenlang ringe, soll die Würde eines Selbstbeherrschers sein. So lange ich unter Menschen wohne, will ich mich hüten, irgendjemand zu kränken oder eines Leidens zu spotten und – so lange ich Kraft habe, – will ich sie brauchen, die menschliche Glückseligkeit zu fördern.«

III. Salzmann am Philanthropin in Dessau

So kommt Salzmann an das berühmte, von Basedow gegründete Philanthropin in Dessau, damals wohl die angesehenste Schule Europas. Kant urteilt über das Institut: »Es war in gewisser Weise die einzige Schule, bei der die Lehrer die Freiheit hatten, nach eigenen Methoden und Plänen zu arbeiten und wo sie unter sich sowohl als auch mit allen Gelehrten in Europa in Verbindung standen.« Basedow war 1781 schon von der Leitung zurückgetreten. Salzmann hatte täglich eine Religionsstunde von evangelisch-apostolischen Christentum und von der vermischten philosophisch-christlichen Sittenlehre zu geben, außerdem die Andachten und Gottesdienste der Anstalt zu halten. Die blühende Jugend, die aus den verschiedensten Teilen Europas nach Dessau gekommen war, hing mit großer Liebe an Salzmann. Zu seinen Gottesdiensten erschienen nicht nur die Glieder des Instituts, sondern auch zahlreiche Zuhörer aus der Stadt. Unter den Mitarbeitern herrschte ein humaner Ton; zudem fand Salzmann viel Freude an der schönen Umgebung Dessaus. Sein Amt läßt ihm Zeit, seine schriftstellerische Tätigkeit fortzusetzen und durch Reisen neue Verbindungen anzuknüpfen. So kommt er nach Rekahn zu dem Domherrn von Rochow, dem »Pestalozzi der Mark«, an dessen auf die Reform der Volksschule gerichteten Bestrebungen Salzmann den lebhaftesten Anteil nimmt. Trotzdem ist Salzmann mit seiner Lage in Dessau nicht voll zufrieden. »Diese Verbindung mit dem Dessauischen Institut war mir außerordentlich wichtig. Ich kam auf einen Platz, wo selbstdenkende Erzieher schon seit einigen Jahren mit fast unumschränkter Freiheit gearbeitet hatten und noch arbeiteten und wurde dadurch in den Stand gesetzt zu beurteilen, was in der Erziehungskunst ausführbar und was nicht ausführbar ist, – wodurch diese Anstalt so weit gekommen und – aus was für Ursachen – *sie nicht noch weiter gekommen ist.* Je mehr ich in das Innerste dieser Erziehungsanstalt schaute, desto mehr wurde ich überzeugt, daß der Plan, der hier zu Grunde lag, zwar sehr gut, aber nicht der wäre, den ich bisher in mir getragen hätte.« Was findet nun nicht seinen Beifall?

1. Zunächst vermißt er die einheitliche Leitung. Seit dem Rücktritt Basedows von der Leitung wird das Philanthropin kollegial geleitet.

Vier bis fünf Professoren leiten gemeinsam die Anstalt, Salzmann gehört zu ihnen. Er macht die Erfahrung, daß bei diesem System auftretende Mängel recht schwer abzustellen sind.

2. Dem Philanthropin fehlt der Familiencharakter, der nach Salzmanns Meinung an einem Institut, das den Kindern auch das Elternhaus ersetzen muß, unentbehrlich ist. Sogar zwischen den Lehrern blieben Reibungen nicht aus. Besonders der Streit zwischen Basedow und Wolke droht den inneren Frieden und das Ansehen der Anstalt ganz zu zerstören. Wolke, einer der tüchtigsten Lehrer des Instituts, besonders bekannt durch seine Reform des Sprachunterrichts, gerät mit dem reizbaren und auf seinen Ruf als Pädagoge sehr eifersüchtigen Basedow in einen häßlichen Streit. Salzmann bemüht sich zwei Jahre lang zu vermitteln und wenigstens zu verhüten, daß die Öffentlichkeit davon erfuhr. Vergebens waren seine Bemühungen; es kommt endlich sogar zu einem Prozeß, der – wie Salzmann voraussieht – das ganze Institut zerrütten muß. –

3. Die Lage des Philanthropins in einer Stadt scheint Salzmann unglücklich gewählt. In einem größeren Ort gibt es zu viel Miterzieher, die unerwünscht sind, auch ist da die Verbindung mit der Natur nicht eng genug.

So reift in Salzmann der Plan, eine eigene Erziehungsanstalt ganz nach seinen Ideen zu gründen. Auf einer Reise nach Gotha macht er die Bekanntschaft des Herzogs Ernst II., der ihm eins seiner Lustschlösser zur Verfügung stellen will. Salzmann lehnt zwar ab, da er unabhängig bleiben will, erwirbt aber im Gothaischen das zwischen der Stadt Waltershausen und dem berühmten Kloster Reinhardsbrunn reizvoll gelegene Gut Schnepfenthal. Hier soll seine neue Erziehungsanstalt erstehen.

IV. In Schnepfenthal

1784 übersiedelt er mit seiner Familie nach Schnepfenthal. Der Anfang war schwer. Seine Geldmittel sind fast erschöpft, dabei muß er sofort bauen. Alle Arbeit liegt auf ihm. Er ist Erzieher seiner zahlreichen eigenen Kinder (Salzmann hat 13 eigene Kinder großgezogen), Baumeister, Landwirt und Schriftsteller. Noch hatte kein Vater sein Kind der neuen Anstalt anvertraut. Aber mit Zähigkeit, großer Menschenkenntnis und Geschick überwindet er alle Schwierigkeiten. Der Herzog Ernst II. hat ihm vielfach geholfen. Seine Anstalt soll nicht nur eine Schule, sondern vor allem Erziehungsanstalt sein. Die geistigen und körperlichen Anlagen der Zöglinge sollen möglichst harmonisch entwickelt und die Herzen der Kinder in der Ausübung der Tugend geübt und befestigt werden. Gesunde und frohe, verständige und gute Menschen will Salzmann bilden, sie dadurch an sich glücklich machen und sie befähigen, zur Förderung des Wohles der Mitmenschen kräftig mitzuwirken. Salzmann ist wie Rochow der Überzeugung, daß »bis auf ein gewisses Alter der Sohn des Großfürsten wie der des Bauern auf einerlei Art geleitet werden müssen«. Schnepfenthal soll darum nicht auf einen bestimmten Beruf vorbereiten, sondern alles lehren, was ein junger Mann wissen muß, der sich zu den gebildeten Ständen rechnet. Doch nimmt Salzmann bei über zehn Jahre alten Schülern Rücksicht auf Elternwünsche, Anlagen und künftigen Beruf. Künftige Gelehrte können so in die griechische Sprache, Kaufleute in die Buchführung eingeführt werden. Der Religionsunterricht war christlich, aber zunächst für die Angehörigen aller Konfessionen gemeinsam. Erst als Abschluß des Religionsunterrichts gibt es – von Geistlichen der betr. Konfession erteilt – getrennten konfessionellen Unterricht.

Für das Gemeinschaftsleben der Anstalt waren die Schüler in drei Erziehungsklassen eingeteilt: die der Kinder, der Knaben und Jünglinge. »Aus der Klasse der Kinder wird man versetzt, sobald sich in 30 Minuten fertig anziehen, waschen und kämmen kann, nicht mehr bei jeder Kleinigkeit weint, nicht mehr naschhaft und den Vorgesetzten ungehorsam ist und gut lesen und schreiben kann.« Aus der Klasse der Knaben kam man in die Klasse der Jünglinge, wenn man auf der Meritentafel im Betsaal neben seinem Namen 50 goldene Nägel aufweisen konnte. So ein goldener Nagel wurde feierlich eingeschlagen, wenn der Knabe 50 Fleißbillets aufweisen konnte, die die Lehrer für besondere Beweise von Fleiß und Aufmerksamkeit ausstellten. Jede dieser Ordnungen hatte besondere Rechte und Pflichten, sonst gab es in Schnepfenthal keinerlei Unterschiede zwischen Schülern, während in Dessau an Standes- und Reichtumstagen die Kinder vornehmer oder besonders begüterter Eltern besondere Vorrechte genossen. Über die Grundsätze, nach denen im übrigen die Schnepfenthaler Anstalt aufgebaut und geführt wurde, gibt Salzmann 1784 in seiner Werbeschrift » *Noch etwas über Erziehung nebst Ankündigung einer Erziehungsanstalt*« Auskunft. Bei einem Vergleich dieser Pläne mit der pädagogischen Wirklichkeit in Schnepfenthal, wie er in der Folge angestellt wird, zeigt sich, wie genau Salzmann seine Pläne zur Ausführung gebracht hat und wie wenig er doch dem Projektenmacher Basedow gleicht.

In den bisherigen Erziehungsanstalten vermißt er

a) *die körperliche Erziehung.*

»Der Mensch ist kein solches Geschöpf, wie wir die Engel uns denken, sondern ein Wesen, das alle seine Begriffe durch den Körper bekommt und alles, was er hervorbringt, vermittels des Körpers wirkt.«

So wird in Schnepfenthal eine besondere Sorgfalt auf die Förderung der Gesundheit und die Ausbildung des Körpers gelegt. Die gesunde Lage des Ortes, die einfache, aber angemessene Kost, Wanderungen und mannigfache gymnastische Übungen aller Art wie Schlittenfahren, Schlittschuhlaufen, Reiten usw.: alles trug dazu bei, die Zöglinge zu gesunden und kräftigen Jünglingen heranzubilden; Salzmann kann 1808 mit Genugtuung feststellen, daß kein Zögling bisher in Schnepfenthal gestorben ist. Guts-Muths ist seit 1885, in welchem Jahre er der neuen Erziehungsanstalt in Karl Ritter, dem späteren großen Geographen, den ersten Zögling zuführt, der Gymnastiklehrer der Anstalt. In welchem Geist die körperliche Ausbildung in Schnepfenthal geschah, zeigen die folgenden Ausführungen Guts-Muths:»Wir sind weder Griechen, welche ihr kleines Gebiet unaufhörlich gegen die Anfälle der Nachbarn und der Barbaren zu verteidigen haben, noch Römer, die sich auf die elende

Kunst legen, nahe und ferne Nationen zu unterjochen. – Wir sind aber auch keine Athleten, und, unsere Jugend soll sich weder die Zähne einstoßen, noch die Rippen zerschmettern. Wir streben bei diesen Übungen nach Gesundheit, nicht nach Vernichtung derselben, nach Abhärtung, nicht nach der Unempfindlichkeit der Kannibalen; wir ringen nach männlichem Sinne und Mute, nicht nach roher Wildheit und Unbändigkeit. *Gymnastik ist die Arbeit im Gewande jugendlicher Freude.*«

b) Die alten Schulen machten die Jugend zu wenig mit der Natur bekannt.

Nur in der Erforschung der Natur kann der Wahrheitssinn entwickelt werden, das Vermögen, sich die Sachen so vorzustellen, wie sie sind.»Ein sechsspänniger Wagen voll Lexica und Kommentarien kann den Mangel dieses Wahrheitssinnes so wenig ersetzen wie Krücken den Mangel gesunder Schenkel.« In Schnepfenthal wird die Jugend in engste Verbindung mit der Natur gebracht. Das entspricht dem angeborenen Trieb der Jugend, die Natur zu beobachten.»Wenn andere Kinder von der Natur gar nichts wissen wollen, so kommt das daher, weil man ihren heftigen Trieb, sie kennen zu lernen, durch allerlei Künsteleien z. B. Vokabeln, Grammatik, Katechismus erstickt hat.«

»An der Natur können alle Kräfte, die Gott uns gab, am sichersten und nützlichsten geübt werden. Willst du dein Gesicht üben, so betrachte aufmerksam bald den Bau der Blume oder eines Insekts, bald eine geräumige Landschaft. Soll dein Ohr vollkommen werden, so lausche auf den Gesang der Vögel und lerne sie an ihren Tönen unterscheiden! Willst du dem Gerüche mehr Vollkommenheit geben, so verschließe die Augen und versuche, ob du nicht eingesammelte Kräuter durch den Geruch voneinander unterscheiden kannst! Strebst du nach körperlicher Stärke, so bearbeite den Garten; wünschest du aber geschickte Finger, so zeichne die Blumen, die in demselben wachsen. Willst du deine Einbildungskraft stärken, so fasse eine schöne Gegend in die Augen, beobachte genau die Mannigfaltigkeiten derselben und die Ordnung, in der sie miteinander verbunden sind! Dann wende dich um und gib dir Mühe, dies Bild in deiner Seele wieder herzustellen. Willst du Ordnung in deinen Gedanken lernen, so beschreibe alles, was du in einer gewissen Gegend bemerkt hast! – Willst du Scharfsinn lernen, so übe dich, die Merkmale zu suchen, durch welche die Gattungen der Dinge voneinander unterschieden sind! Verlangst du Übung in der Abstraktion, so untersuche erst die Ähnlichkeit zwischen dem Roßkäfer und dem Maikäfer, dann zwischen dem Käfer und dem Krebse; weiter zwischen dem Insekt und dem Fische, dann zwischen dem Tiere und der Pflanze u. dgl. Willst du die wahre Philosophie des Lebens erlernen, so spüre den Ursachen nach, aus welchen die Wirkungen der Natur entspringen.« Schnepfenthal ist für einen solchen Anschauungsunterricht durch seine Lage besonders geeignet. »Ich habe ein prächtiges Naturalienkabinett, gegen welches das schönste königliche Naturalienkabinett gar nichts sagen will. – Mein Naturalienkabinett ist die Natur selbst. – Alle Tage gehe ich hinein und suche, was das Merkwürdigste ist.« »Ich habe mein Gebäude sorgfältig so anlegen lassen, daß ich aus demselben den Auf- und Untergang der Sonne und des Monds und der Sterne, die Annäherung des Frühlings, Sommers, Herbstes und Winters sehr bequem beobachten kann. Unsere Wiesen, Äcker, Gärten, Teiche und Bäche, vorzüglich unser Thüringer Wald, liefern uns eine solche Menge von betrachtungswürdigen Gegenständen, daß wir uns nie über Mangel derselben, wohl aber über Mangel der Zeit, sie hinlänglich betrachten zu können, beklagen dürfen. Aus diesem großen Naturalienkabinett extrahieren wir langsam ein kleineres, damit wir von jeder Gattung der Werke Gottes etwas gegenwärtig haben, um es, so oft es nötig ist, betrachten zu können.«

c) Der dritte Hauptmangel in den meisten Schulen und Erziehungsanstalten ist dieser, daß der ganze Unterricht dahin abzielt, die *Aufmerksamkeit der Kinder von dem Gegenwärtigen abzuziehen und auf das Abwesende zu lenken*.

Fast jeder Unterricht scheint dies zur Absicht zu haben, so Religion, selbst Erdkunde in dem herkömmlichen Betriebe. »Auch die Geschichte legt die letzte Hand an, um die Aufmerksamkeit der Kinder von der Welt, in der sie leben, ganz abzureißen. Sie hebt sie aus der Gesellschaft der Lebendigen und versetzt sie in die Gesellschaft der Toten. Sie lehrt sie, was vor Jahrtausenden geschehen ist, ohne ihnen zu sagen, was gegenwärtig in dem Lande, wo sie wohnen, für Projekte durchgesetzt werden.«

In Schnepfenthal wird dieser Mangel schon durch die enge Verbindung der Zöglinge mit der Natur behoben. »Ein Mensch, der sich früh gewöhnt hat, jede merkwürdige Erscheinung in der Natur, jedes merkwürdige Tier usw. zu bemerken, den kahlsten Berg mit forschenden Augen zu betrachten, ist immer in der Welt, in der er wirklich lebt und webt, hat Empfänglichkeit für jedes gegenwärtige Vergnügen, weiß alles, was um ihn ist, zu seinem Vorteile zu benutzen und erhält seine Gedanken leicht bei den Geschäften, die er verrichtet.« Das hoffe ich dadurch noch sicherer zu bewirken, daß ich die Aufmerksamkeit der Zöglinge, wenn sie eine Zeitlang auf die Natur gerichtet gewesen sind, auch auf die Beschäftigungen der Menschen richte, mit ihnen bald den Arbeiten des Ackermanns, bald des Maurers oder Zimmermanns, Tischlers oder Schmiedes zusehe, bald Bergwerke, bald Schmelzhütten oder Eisenwerke besuche, welches alles ich sehr nahe um mich haben kann; mit jedem Handwerksmanne oder Künstler mich in ein Gespräch einlasse, ihn frage, warum er das so mache und nicht anders.« Damit der Gesichtskreis der Schüler auch über die nächste Heimat hinaus erweitert wird, unternimmt Salzmann mit den älteren Zöglingen längere Reisen (Fußwanderungen), die ihn etwa über Gotha, Langensalza, Mühlhausen nach Eisenach oder über Erfurt, Weimar, Jena, Gera nach Rudolstadt führen. Auf diesen Reisen wurden Geographisches, Naturkundliches, Historisches und Technologisches genau studiert und zugleich Beziehungen mit Personen angeknüpft, von denen Salzmann selbst bei einem kurzen Verkehr einen vorteilhaften Einfluß auf seine Zöglinge erhofft. Von der Heimat und der Gegenwart geht aller Unterricht in Schnepfenthal aus. »Ehe meine Zöglinge sich um die Produkte von Ost- und Westindien bekümmern, sollen sie erst die Produkte unseres Landgutes und des Thüringer Waldes kennen lernen. Ehe wir vom Karpathischen Gebirge plaudern, müssen wir schon mit der Kette von Gebirgen, an deren Fuße wir wohnen, bekannt sein, den Inselsberg besucht, nach Franken, Hessen und Thüringen gesehen, wenigstens einige Dörfer, Städtchen und Städte besehen haben, damit sie sich bei den Worten Gebirge, Berg, Dorf, Städtchen, Stadt, Provinz etwas Richtiges denken können. Ehe sie die Statistik von Spanien lernen, sollen sie sich erst mit der Statistik von Gotha bekannt machen. Denn alles Plaudern eines Kindes, das noch keine deutlichen Begriffe von der natürlichen und politischen Verfassung der Provinz hat, in der erzogen wird, von dem Karpathischen Gebirge, von der Regierungsform und den Einkünften in Frankreich oder China, *ist weiter nichts als Starengeschwätz* und noch weit weniger, der Star denkt sich gar nichts, wenn er spricht, ein solches Kind aber etwas ganz Falsches, wenn es vom Parlamente oder den Mandarinen spricht.

Ehe wir die Geschichte der Assyrer und Perser, Griechen und Römer lernen, wollen wir erst die Geschichte eines benachbarten Orts kennen lernen. – Vor der Hand habe ich mir dazu das berühmte Kloster Reinhardsbrunn ausgesucht; wir wollen es oft besuchen. – So bereiten wir uns zur Erlernung der Geschichte vor, bekommen Begriffe von Jahrhunderten, Altertum, Dokumenten u. dgl. und nun erst ist es Zeit, auch die Geschichte anderer Länder sich bekannt zu machen. – Denn die Geschichte muß noch später als die Geographie getrieben werden. Diese versetzt uns in entfernte Länder, jene aber nicht nur in entfernte Länder, sondern auch in entfernte Zeiten.« (Für Salzmann als radikalen Aufklärer ist die ganze Mythologie »wahrer Unsinn«, über den »wir spotten würden, wenn er nicht durch Dichter, Bildhauer und Maler so schön vorgestellt wäre«. Auch für die Wunderwelt des Märchens hat Salzmann kein Verständnis.) – »Den Unterricht in den schönen Wissenschaften werde ich weit früher anfangen. Wenn ich früh den Sinn für Wahrheit zu entwickeln suche, ist das nicht schon Unterricht in den schönen Wissenschaften? Alles wahre Schöne in der Kunst ist Nachahmung der Natur. Wenn ich nun meine Zöglinge die Natur kennen lehre, setze ich sie nicht dadurch in den Stand zu beurteilen, inwiefern sie gut oder schlecht nachgeahmt sei? Sobald sie von der Natur einigermaßen unterrichtet sind, werde ich sie weiterführen und ihnen die Nachahmung derselben zeigen, sie darüber urteilen lassen und ihr Urteil zu berichtigen suchen. Ich werde ihnen schöne Stellen aus deutschen, lateinischen und französischen Schriftstellern in die Hände geben und von ihnen erforschen, ob und warum sie dieselben schön finden. Ich werde ihnen Anleitung geben lassen, das, was sie gesehen haben, zu zeichnen und sie ermuntern, zuweilen Szenen, die sie vorzüglich rührten, zu schildern, auch nicht ermangeln, sie dazu anführen zu lassen, daß sie ihre Empfindungen musikalisch ausdrücken können ...«

Wer die Grenzen der Fähigkeiten eines Menschen von zehn bis sechzehn Jahren kennt, wird auch nicht mehr von mir fordern. Wo

Anlage zum Maler, Bildhauer, Redner, Dichter oder Virtuosen ist, da entwickelt sich diese von selbst, wenn man durch eine verkehrte Behandlung die Entwicklung nicht verhindert. Wo diese Anlage aber fehlt, da bringt sie der beste Pädagoge nicht hinein.«

d) Einen vierten Hauptmangel der bestehenden Schulen findet Salzmann darin, daß die Kinder beim Lernen mehr fremde als ihre eigene Kräfte brauchen.

»Es gibt noch sehr wenige Anleitung zum eigenen Beobachten, eigener Erforschung, eigener Erwerbung der Kenntnisse, sondern der Lehrer arbeitet den Kindern vor, unterrichtet sie von dem, was er durch seine mühsamen Kenntnisse herausgebracht hat, und das Kind verhält sich dabei mehrenteils ganz leidend. – Bei dem ewigen Unterrichten leidet der Lehrer wie der Schüler ... Die traurigen Folgen von der Gewöhnung, andere für sich denken und arbeiten zu lassen, äußern sich lebenslang. Man traut sich nicht zu urteilen, wenn der Meister nicht vorgeurteilt und vorgetan hat, und die Ursache von der beklagenswerten Unempfänglichkeit gegen ausgemachte sonnenklare Wahrheiten, die man bei vielen Menschen bemerkt, ist wohl vorzüglich hierin zu suchen ...

Wie schwer hält es, unsere Aufmerksamkeit eine Stunde lang auf den Vortrag eines andern zu richten, der nicht eine außerordentlich gute Lehrgabe besitzt, und wie leicht ist es uns, halbe Tage selbst zu arbeiten. Kinder haben dasselbe Gefühl: sie sitzen schläfrig in der Lehrstunde und sind munter und tätig, sobald sie dahin gebracht werden, ihre eigenen Kräfte zu gebrauchen.«

In Schnepfenthal werden die Kinder zur *Selbsttätigkeit* erzogen. Das geschieht zunächst im Unterricht.

Naturkunde: »Meine Geschäfte erlauben mir nicht, daß ich die zu jeder Unterredung nötigen Materialien selbst in unserm großen Naturalienkabinett zusammensuche. Die ältern meiner Zöglinge übernehmen dies Geschäft mit Vergnügen. Sie bringen mir alles, was ihnen merkwürdig ist, und ich bezeuge mein Vergnügen bei jeder Merkwürdigkeit, die sie entdeckt haben, ich bringe sie mit in das Lehrzimmer, wir unterreden uns darüber miteinander; ich zeige es an, wem wir diese Unterredung zu danken haben, wir schreiben etwas über unsere Unterredung nieder und merken es an, wer dazu

Veranlassung gegeben hat. So wird die Begierde aller angeflammt, auch etwas Merkwürdiges beizubringen, sie werden alle gereizt, zu beobachten und zu sammeln.

Wenn nun das Gesammelte vor uns liegt, so hüte ich mich sehr, darüber eine Vorlesung zu halten. Ich frage vielmehr, ob die Kinder mir nichts davon zu sagen wüßten, und jedes beeifert sich, es dem andern zuvor zu tun. Ich bin bloß Zuhörer, gebe da meinen Beifall, berichtige dort und sage am Ende auch, was ich von der Sache weiß.

Was wir bei der Unterredung gelernt haben, wird niedergeschrieben, entweder durch einen Zögling oder durch mich. Jeder von uns macht orthographische Fehler. Jener aus Unwissenheit, ich mit Vorsatz. Alle haben die Begierde, diese Fehler zu verbessern und erbitten dazu von mir die Erlaubnis. Ich (bei dem Worte »Ich« muß man immer auch an meine Gehilfen denken) gestehe sie dem zu, der sich am besten verhalten hat. Er tritt sein Amt an, forscht nach den Fehlern so begierig wie der Spürhund nach der Bahn des Wildes. Wenn er einen Fehler ausgespürt hat, so entsteht ein Disput; er wird aufgefordert zu sagen, warum er dies für einen Fehler halte, und so wird Orthographie, beinahe ohne Unterricht, getrieben.

Lektüre. Wir beobachten nicht nur, sondern lesen auch, bald etwas Französisches, bald etwas Deutsches, bald etwas Lateinisches. ... Nun wird gelesen; ich bin Zuhörer; das Lesen ist zu Ende und veranlaßt eine Unterredung, die auch kein eigentlicher Unterricht ist. Wer von dieser Unterredung sich einen Begriff machen will, der besuche die Schule zu Rekahn (Rochows berühmte Muster-Landschule!) und die sogenannte Lesestunde des Dessauischen Instituts, die eigentlich Übung des Verstandes und des Nachdenkens heißen sollte, so sieht er das Original, wovon meine Lehrstunde Kopie ist.

Erdkunde. Wir haben, wenn wir Geographie treiben wollen, Landkarten nötig. Es wäre für uns alle bequemer, wenn jeder eine Karte für sich hätte. Einer meiner Gehilfen hat den Einfall, ob wir uns nicht selbst Kärtchen machen könnten. Er macht einen Versuch, heftet ein Blatt Zeichenpapier auf eine Karte, hält beides an das Fenster, fährt mit dem Bleistift auf den abgezeichneten Grenzen und

Flüssen hin, bemerkt Berge und Wälder, nimmt das Papier herab, und die Zöglinge sehen mit Verwunderung die Hauptmerkmale der Karte abgezeichnet. Er fängt an, die neue Karte zu illuminieren, schreibt in dieselbe die Namen der Länder, Städte, Meere und Flüsse hin, die Zöglinge sehen sie mit Vergnügen und ich müßte mich sehr irren, wenn nicht schon am folgenden Tag jeder seinen Bleistift in der Hand hätte und sich damit beschäftigte, selbst ein Kärtchen zu verfertigen. Die ersten Versuche, werden nicht gut ausfallen. Was liegt daran? Wer eine Sache gut machen will, muß sie zuerst schlecht machen. Während das Kind seine Karte verfertigt, werden doch wieder mancherlei Kräfte in Tätigkeit gesetzt. Wenn es – mit der Karte in der Hand – zum Unterricht kommt, so können wir von der Karte, die erklärt werden soll, als von einer bekannten Sache sprechen, und wenn ich den Namen einer Stadt, eines Flusses nenne, so ist sein Finger schon auf demselben, und wir sind alle des mühsamen Suchens überhoben.

Auf eben diese Art werden Sprachen, Geschichte, Mathematik u. dgl. erlernt. Wer das bisher Gesagte begriffen hat, wird auch leicht glauben, daß und wie dies bei der Erwerbung jeder Art von Erkenntnis und Geschicklichkeit möglich sei, ohne daß ich nötig habe, mich weiter darüber auszubreiten.«

Der Drang der Kinder zum selbständigen Handeln wird in Salzmanns Erziehungsanstalt weiter gefördert und für die Erziehung nutzbar gemacht durch *Heranziehung der Kinder bei der Verwaltung der Anstalt.* »Endlich bringe ich meine Zöglinge noch auf andre Art in Tätigkeit. Jeder von ihnen bekommt ein Amt, das seinen Fähigkeiten angemessen ist und das ich absichtlich so wähle, daß er die erworbenen Kenntnisse dabei anwenden kann. Ich habe z. B. Kopisten, Rechnungsführer, Korrektors, Sekretärs, Naturalieninspektors und eine Menge andere Leute nötig, um meine Arbeiten zu vollenden. Alle diese Ämter werden unter meine Zöglinge verteilt und es ist unmöglich, daß sie dieselben verwalten können, ohne dabei zu lernen. –

Sind nun alle diese Arbeiten nicht den Kräften der Kinder angemessen? Machen sie ihnen nicht weit mehr Vergnügen und weit weniger Mißvergnügen als das beständige Zuhören? Wird durch die beständige Tätigkeit der Kinder nicht jede Kraft geübt, und werden nicht eine Menge Bosheiten, die allesamt Kinder der Untätigkeit sind, verhindert? Ist dies nicht die beste Vorbereitung zur Ertragung der Beschwerden und dem tätigen Leben, wozu sie bestimmt sind?«

Salzmann erkennt auch den großen erziehlichen Wert des Handfertigkeitsunterrichts für Knaben und führt ihn in seiner Anstalt ein. Anfänglich werden allerlei »Spielereien aus Papier« angefertigt, später gibt es Schnitzunterricht, Korbflechten, Papparbeiten, Lackieren, Schreinern und Drechseln. –

e) Der fünfte Hauptmangel der bisherigen Schulen ist der geringe Gebrauch, der von der unmittelbaren Belohnung der jugendlichen Leistungen und Handlungen gemacht wird.

Damit kommen wir auf die *Handhabung der Zucht* in Schnepfenthal. Sie war dem Geiste des Philanthropismus entsprechend milde. »*Man behandle die Menschen edler, so werden sie auch edler!*« Nach dieser Überzeugung handelte Salzmann bei der Erziehung seiner Schüler. Züchtigungen fielen allmählich ganz fort. In Übereinstimmung mit Rousseau wird von den »natürlichen Strafen« viel erwartet. Wer in der Lesestunde Störungen verursacht, wird an einen besonderen Tisch gesetzt; wer eine schlechte Ausarbeitung liefert, muß sie noch einmal machen; wer unreinlich zu Tisch kommt wird fortgeschickt, um sich zu waschen. Doch gibt es auch *positive* Strafen, Geldstrafen (die Schüler erwerben durch die Verwaltung der »Ämter« selbst Geld und erhalten von ihren Eltern grundsätzlich kein Taschengeld), Verlust einiger Fleißbillets (siehe Seite 11!), öffentliche Verweise usw. Ausgiebigen Gebrauch macht Salzmann von den Belohnungen. »Das Kind lebt nur für das Gegenwärtige, für die Zukunft hat es wenig Sinn. Von den Kindern erwarten, daß sie aufmerksam lernen, arbeiten sollen in Hoffnung der Belohnung, die ihnen nach einigen Jahren werden wird, heißt Kinder zu Männern umbilden wollen und der Natur vorgreifen. – Man sollte eine solche Einrichtung zu treffen zu suchen, daß die Vorteile, die sich Kinder durch gute Anwendung ihrer Kräfte verschaffen, ihnen immer anschaulich und sie in Lagen versetzen, wo sie von ihren erworbenen Kenntnissen und Fertigkeiten sogleich zu ihrem Vorteile Gebrauch machen könnten.

Dafür ist wenig gesorgt. Man hat eine Menge unmittelbarer Strafen, findet man aber *unmittelbare Belohnungen?* Auch dafür glaube ich hinlänglich gesorgt zu haben. Die gewöhnlichen Belohnungen: Beifall u. dgl. werde ich alle gebrauchen. *Natürliche Belohnungen sind* ferner das Recht, die Arbeiten anderer zu korrigieren bei besonderem Fleiß und erfreulichen Fortschritten, die Erteilung der Aufsicht über andere an die, die einen festen energischen Charakter zeigten.« *Positive Belohnungen* sind die Erteilung von Fleißbillets und die Übertragung der bereits erwähnten Ämter in der Verwaltung der Anstalt, die mit einer kleinen Besoldung verbunden waren. Durch die Übertragung besonderer Pflichten will Salzmann das Selbstbewußtsein seiner Schüler stärken und zur Treue im Kleinen erziehen. »Wer unter uns mehr gelten will, muß von innen heraus seinen Wert nach unveränderlichen Gesetzen höher bestimmen und er kann sich dann unserer größeren Achtung versichert halten. – –«

Gemeinschaftsleben im Schnepfenthal

Im ganzen herrschte in Schnepfenthal ein guter »Familienton«. Vieles trug dazu bei, diesen familiären Charakter des Anstaltslebens zu stärken. Die abgeschlossene Lage wies die Insassen der Anstalt auf innigen Verkehr untereinander an. Es war eine große Familie. Die Lehrer wußte Salzmann mit großem Geschick auszuwählen und sie durch richtige Behandlung, die jedem ein hohes Maß von Selbständigkeit ließ, zu halten. »Sie verfahren in allen ihren Gedanken, Worten und Werken so, als wenn sie nur der Kinder wegen und nicht die Kinder ihretwegen da wären.« Salzmann kann sagen: »Gleiche Grundsätze beseelen uns alle! Wir sind keine Schulmonarchen im Reiche der Pedanterie und Allgenügsamkeit!« Unter den Zöglingen waren immer einige der zahlreichen Kinder Salzmanns, die zum Teil später wie auch seine Schwiegersöhne als Lehrer der Anstalt angehörten. Man sucht der Jugend die Arbeit nicht nur leicht zu machen, sondern auch sonst ihr Leben zu verschönern. Gesang und musikalische Ausbildung wurden eifrig gepflegt; es gab theatralische Aufführungen, bei Tisch wurden interessante Sachen vorgelesen und endlich erweckten und erhielten mannigfache Feste Heiterkeit und Frohsinn unter der Jugend. Als das größte Fest galt die Feier des Geburtstages von Salzmanns Vater, bei der Salzmann durch das eigene Beispiel den Zöglingen die Pflicht der

Dankbarkeit gegen ihre Eltern einprägen wollte. Mit Vorliebe wurden diese Feste im Freien gefeiert. Am »Kasualtage« (einem Tage, andern wahrscheinlich die Schüler lernen sollten, mit unerwarteten Zwischenfällen fertig zu werden) wandert die ganze Kolonie aus und lagert sich an einem benachbarten Berge, wo Trauben gebaut werden. Hier werden zur Mittagszeit allerlei von den Schülern selbst bereitete Speisen gegessen. So gab es das Kirschfest, das Kartoffelfest usw.

Entwicklung der Anstalt

Die Erziehungsanstalt in Schnepfenthal erwirbt sich nach schwierigen Anfangsjahren bald einen guten Ruf, der sich über ganz Europa verbreitet. Ursprünglich war sie nur für zwölf Zöglinge geplant; aber sie wird immer mehr vergrößert; 1803 zählt sie 61 Zöglinge. Erst in den letzten Lebensjahren Salzmanns nahm die Schülerzahl infolge der Kriegswirren erheblich ab, da viele Eltern ihre Söhne nicht von Hause wegzuschicken wagten, auch wohl das hohe Schulgeld infolge der allgemeinen Verarmung nicht aufzubringen vermochten. (Es waren an Schul- und Pensionsgeld jährlich 64 Friedrichsd'ors und 60–80 Taler für Bücher, Bett und Wäsche zu zahlen.) Die Anstalt ist als einzige philanthropistische Erziehungsanstalt nicht mit ihrem Gründer verschwunden, sondern bis in die Gegenwart hinein bestehen geblieben.

V. Weitere Schriftstellerische Tätigkeit Salzmanns – Konrad Kiefer, der »Deutsche Emil.«

In Schnepfenthal setzt Salzmann trotz seiner starken Belastung als Anstaltsleiter seine schriftstellerische Tätigkeit fort. 1797 erschien von ihm die Schrift »Der Himmel auf Erden«, die besonders beachtet wurde. In ihr will Salzmann nachweisen, daß der Mensch schon auf Erden wahres und reines Glück finden kann, wenn er hier seine Pflicht erfüllt und auf Gott vertraut, das Gute, was er gegenwärtig genießt, nicht verkennt und den lebendigen Glauben besitzt, »daß auch das härteste Schicksal eine Fügung der göttlichen Liebe, ein Erziehungsmittel sei, wodurch Gott des Menschen Geist auszubilden und zum Genuß der Seligkeit immer fähiger zu machen suche«.

Unter seinen zahlreichen in Schnepfenthal verfaßten pädagogischen Schriften ist das in dieser Ausgabe abgedruckte »Ameisenbüchlein« am bedeutendsten. Als deutsches Gegenstück zu Rousseaus »Emil« ist Salzmanns Erziehungsroman »Konrad Kiefer oder Anweisung zu einer vernünftigen Erziehung der Kinder« interessant. Dies Buch soll die positive Ergänzung zu Salzmanns »Krebsbüchlein« sein. Konrad Kiefer ist aber nicht ein Sohn vornehmer Eltern, wie Emil, sondern ein Bauernsohn, dessen Erziehung von der Geburt bis zur Hochzeit geschildert wird. Im Gegensatz zu Emil wächst er mitten in der Gemeinschaft auf, in der er einmal wirken soll, also dem Dorfe. Kein fremder Erzieher leitet ihn, sondern seine Eltern, besonders sein Vater, der von dem einsichtigen Pfarrer des Dorfes beraten wird; während Rousseau ohne eigene größere praktische Erfahrung in der Erziehung eigener und fremder Kinder sein berühmtes Buch schrieb, merkt man auf jeder Seite des »Konrad Kiefer«, daß sein Verfasser in der Erziehung seiner eigenen und der ihm anvertrauten Kinder immer seine liebste Pflicht erblickt hat und über eine reiche pädagogische Praxis verfügt. –

Konrad Kiefer wird – wie Emil – von Jugend an planmäßig abgehärtet und naturgemäß einfach ernährt. Sinne und Verstand übt er im vertrauten Umgang mit der Natur, besonders mit den Tieren. Sein Wille wird möglichst durch die natürlichen Folgen seiner Taten gelenkt, doch verschmäht Salzmann nicht ganz positive Strafen. In diesem Roman nimmt Salzmann – hier sichtlich von dem Domherrn von Rochow beeinflußt, dessen ländliche Musterschule in Rekahn er selbst besucht hat und mit dem er in Briefwechsel stand – – Stellung zum Problem der Volksschule. Dazu einige Proben aus »Konrad Kiefer«: *Aus Kapitel 25*: – Mein Konrad wurde nun 5 Jahre alt, und ich glaubte, daß es Zeit sei, ihn in die Schule zu schicken. Meines Nachbarn Sohn konnte schon buchstabieren, und Konrad kannte das große A noch nicht. Dies war mir verdrießlich.

Ich ging also geschwind zum Herrn Pfarrer und fragte ihn, ob er es nicht für gut hielte, daß ich meinen Sohn in die Schule schickte, damit er das ABC, das Buchstabieren und Lesen lerne.

Der Pfarrer antwortete: Meine Kinder lasse ich vor dem 6. Jahre noch nicht das große A lernen. Kinder müssen erst gewöhnt werden, aus der Natur sich zu unterrichten, ehe man ihnen Bücher in die Hand gibt. Dies geschieht aber in den gewöhnlichen Schulen, auch der unsrigen, nicht. Denn wollte ich die Kinder in der Schule mit der Natur bekannt machen, so würde man aussprengen, ich sei ein Naturalist. Ich gebe daher meinen Kindern den ersten Unterricht selbst, und da ich einen Knaben habe, der mit seinem Konrad im gleichen Alter ist, so wäre es wohl das Beste, wenn er ihn mir zum Unterricht schickte.

Ich ging mit Freuden auf den Vorschlag ein, und der Unterricht ging herrlich von statten. Alle Tage wurde etwas aus der Natur vorgezeigt, betrachtet und darüber gesprochen; bald ein Tier, bald eine Pflanze, bald ein Stein. Es währte nicht lange, so war um unsern ganzen Ort herum fast keine Pflanze, noch Tier, noch Stein, die Konrad nicht zu nennen, wovon er nicht etwas zu erzählen wußte. Dabei bekam er Augen wie ein Falke und sah Dinge, die hundert Leute nicht bemerkten. Zur Abwechslung gab der Herr Pfarrer auch Unterricht über Bilder, wodurch die Seele ganz artig in Tätigkeit gesetzt wurde.

Aus Kapitel 29: *Einführung eines neuen Kantors.*

Über die Schulzucht. – –

Aus der Einführungsrede des Pfarrers. – **Über die Schulzucht in der Volksschule:**

»– Der zweite Fehler, den die Schullehrer oft begehen, ist dieser, daß sie die Schuld von dem Ungehorsam der Kinder geradezu ihnen, nicht auch sich selbst beimessen. – Wie ist es denn möglich, daß ein Lehrer mit Vergnügen in der Schule arbeiten kann, der seine Schüler für eine Rotte Bösewichter hält? Lieber Herr Kantor, glauben Sie mir als einem Manne, der viel Kinder erzogen hat, die Kinder sind von Natur keine Bösewichte, der Schöpfer hat sie gut gemacht, vieles, was den Anschein von Ungehorsam, Starrsinn oder Bosheit hat, ist, wenn man es genauer untersucht, weiter nichts als Mutwille und Flatterhaftigkeit, die der Jugend eigen sind, und darüber sich ein vernünftiger Lehrer nie ärgert. Wenn sie aber wirklich ungehorsam und boshaft sind, so muß man die Ursache davon immer in der Art suchen, wie sie von den Erwachsenen behandelt werden. Daß die Kinder oft verdorben in die Schule gebracht werden, daß es dann dem Lehrer sehr schwer fällt, solche Kinder zur Folgsamkeit zu bringen, das ist bekannt. Aber – gar vielmals sind die Lehrer selbst daran Ursache, wenn die Kinder ungehorsam und halsstarrig sind. Wenn die Befehle, die sie gaben, unüberlegt sind, so sträubt sich die menschliche Natur dagegen, und der Mensch, er mag groß oder klein, alt oder jung sein, weigert sich, albernen Befehlen zu gehorchen. – Springen und Laufen ist den Kindern natürlich, es ihnen geradezu verbieten, ist unnatürlich. Die Natur der Kinder empört sich dagegen. Ferner ist es unbedachtsam, daß der Lehrer einen Befehl gibt, den er nicht überwachen kann. Das sicherste Mittel, einen Menschen verstockt und boshaft zu machen, ist – daß man ihm Unrecht tut. –

Freilich weiß ich wohl, daß unerfahrene Schullehrer gegen meinen Rat einwenden werden, man dürfe den Kindern nicht zu viel einräumen, man müsse sich bei ihnen in Autorität setzen; allein das beste Mittel, sich bei Kindern in Autorität zu setzen, ist zuverlässig dieses, daß man sie mit Vernunft behandelt und ihnen nicht eher eine Strafe zuerkennt, bis man sie überzeugt hat, daß sie dieselbe verdient haben. Ich habe Lehrer gekannt, die ihre Kinder braun und blau schlugen, um gewisse Absichten zu erreichen, die sie nie erreichten! und wieder andere, die nach der oben angegebenen Methode ihre Schulkinder behandelten und mit ein paar Worten ihren Zweck sogleich erreichten. Wer Menschen regieren will, lieber Herr Kantor, er sei Kaiser oder König oder Kantor, der *muß durch Überzeugung sie zu regieren wissen.*

Noch eins muß ich Ihnen sagen, lieber Herr Kantor! Es betrifft die Strafmittel. Das gewöhnliche Strafmittel in der Schule ist der Stock. Dies ist ein sehr hartes Mittel, dessen sich eigentlich niemand bedienen sollte als diejenigen, die Hunde oder Pferde erziehen. Ein Menschenerzieher muß danach streben, immer mehr Herr über seinen Zorn zu werden und eben deswegen muß er es vermeiden, die Kinder zu schlagen. Denn wenn man auf sich selbst Achtung gibt, so wird man finden, daß man durch Schläge den Zorn noch mehr reizt. Wenn der erste Schlag geschehen ist, so kocht das Blut noch heftiger, es folgen gewiß noch zehn andere Schläge, die immer stärker ausfallen. Ist das Schlagen zu Ende, so sieht man gewöhnlich ein, daß man zu hitzig gewesen sei – – –

Ich weiß es gar wohl, daß, solange die Kinder im Elternhause geschlagen werden, sie sich auch schwerlich ohne Schläge in der Schule ziehen lassen. Sie sind stöckisch geworden, achten Vorstellungen, freundliche Worte und Verweise wenig und folgen nur erst dann dem Willen ihrer Vorgesetzten, wenn diese durch einige Hiebe ihnen ihre Stärke fühlen lassen. Unterdessen muß ein guter Schulmann danach streben, daß er die Schläge nach und nach aus seiner Schule wegschaffe.«

Aus Kapitel 32: Reform der Volksschule – Die Schule in Kiefers Heimatdorfe wird mit Zustimmung der Eltern verbessert.

– In der folgenden Woche wurde die Verbesserung eingeführt. Da wurde zuerst gelehrt Naturgeschichte. Die Kinder wurden bekannt gemacht mit den Tieren, Pflanzen, Steinen und Erdarten, die in der Gegend waren. Jedes Kind schrieb dann zu Hause seine Bemerkungen nieder und brachte sie den folgenden Tag zur Durchsicht. Dadurch bekam der Lehrer Gelegenheit, die Kinder in der Rechtschreibung zu üben und ihnen den Nutzen von vielen Pflanzen usw. zu zeigen. Ferner legten etliche Nachbarn Geld zusammen und kauften dafür Landkarten für die Schule. Diese wurden den Kindern erklärt und ihnen die merkwürdigsten Städte, Flüsse, Gewächse und Sitten jenes Landes gesagt.

Endlich wurde ihnen die Geschichte der Deutschen und alles Merkwürdige, was sich sonst in unserem Vaterlande zugetragen hat, erzählt. Die Religion wurde ihnen nach einem gewissen Lehrbuche vorgetragen und mit Historien und Beispielen erläutert, auch wurden hierzu schickliche Verschen diktiert, die sie auswendig lernen mußten. Darüber freuten sich nun jung und alt. Die Kinder gingen noch einmal so gern in die Schule. - - -

Aus Kap. 33. *Einführung der Leibesübungen.*

Nach der öffentlichen Schulprüfung macht der Pfarrer den Schulinspektoren (Hausvätern aus der Gemeinde!) folgenden Vorschlag: - - -

Wenn wir den Kindern zusehen, so bemerken wir, daß sie selten langsam gehen. Gemeiniglich laufen oder springen sie. Diesen Trieb hat ihnen der Schöpfer eingepflanzt, damit sie sich gehörige Bewegung verschaffen, ihr Blut in Umlauf bringen und alle Gelenke und Muskeln in Tätigkeit setzen sollten. Diesen Trieb sollten wir begünstigen und ihnen recht viel Gelegenheit zum Laufen und Springen verschaffen. Dies geschieht aber gewöhnlich nicht. Wenn Sie nichts dagegen haben, wollen wir der Jugend Gelegenheit zum Laufen, Springen und anderen Leibesübungen verschaffen, und morgen damit den Anfang machen, da eben Examensferien sind. -

Am folgenden Tage kamen fast alle Kinder. Zuerst schlug der Pfarrer vor, daß sie ein Wettlaufen anstellen sollten. Er teilte sie in vier Parteien und zwar so, daß in jede Partei solche kamen, von denen er glaubte, daß sie einander im Laufen ziemlich gleich wären. Dann wurde ein gewisser Baum zum Ziele bestimmt, nach welchem sie laufen sollten. Die erste Partei mußte sich dann in eine Linie stellen, der Herr Pfarrer trat an das Ziel und rief: eins! zwei! drei! dann liefen alle, die zur ersten Partei gehörten, so geschwind sie laufen konnten, und der erste, der zum Ziele kam, erhielt einen kleinen Eichenzweig.

Vom Laufen ging es zum Springen. Die Kinder stellten sich in eine Reihe nacheinander, und auf ein gegebenes Zeichen fingen sie an

so zu springen, wie wenn sie über einen Graben setzen wollten. Wer am weitesten springen konnte, erhielt wieder eine Belohnung von Eichenlaub. – – –
In der Folge wurden immer mehr Übungen eingeführt. Es wurden z. B. zwei Stäbe ein paar Schritte weit voneinander gestellt, in die Stäbe waren Löcher gebohrt. In zwei derselben, die gleich hoch von der Erde entfernt waren, wurden Pflöckchen gesteckt und auf diese eine Gerte gelegt. Über diese mußten die Kinder nun springen. –

Die Kinder bekamen darauf auch Springstöcke, mit welchen sie sich in die Höhe heben, viel höher springen und über Gräben setzen konnten; sie lernten ferner auch klettern und an einem dicken Stricke hinaufsteigen. Endlich wurden sie auch im Schwimmen unterrichtet. –

Im Winter mußten diese Übungen freilich eingestellt werden; dagegen wurde desto mehr auf dem Schlitten gefahren und auf dem Eise gelaufen. Wenn dies in einer Stunde geschah, die zu Leibesübungen bestimmt war, so führte ein Lehrer die Aufsicht, und Herr Lindenbaum (der junge Lehrer!) fuhr und lief wohl selbst mit. Es geschah dies auf Anraten des Pfarrers, der immer zu sagen pflegte; Ein Lehrer, der die Liebe und das Zutrauen der Kinder haben will, muß an ihrem Vergnügen so viel als möglich teilnehmen.

Aus Kapitel 40: Fortbildung der schulentlassenen Jugend.

Es ist ein großer Fehler, den man bei allen Handwerksleuten und Bauern antrifft, daß sie glauben, wenn sie aus der Schule wären, so brauchten sie nichts mehr zu lernen und in der Schule lernen sie gemeiniglich so wenig! so wenig! daher kommt die große Unwissenheit, die man gewöhnlich in diesen Ständen findet. Diese große Unwissenheit ist die Ursache, warum sie sich in den meisten Fällen weder zu raten, noch zu helfen wissen; daher rühren ihre Sorgen, ihre Armut, die meisten ihrer Krankheiten, daher kommt es auch, daß sie sich hier und da so gewaltiglich müssen drücken lassen.

(Auf den Rat des Pfarrers bildet sich Konrad durch Lektüre fort.) Der Pfarrer gab die Bücher Konraden in Gegenwart des Vaters und sagte:»Dies ist Nahrung für die Seele. Wir nehmen täglich Nahrung für den Körper zu und tun wohl daran. Denn wenn wir dem Körper nicht immer Nahrung reichten, so würde er bald kraftlos und zu seinen Geschäften untüchtig werden. Mit der Seele ist es ebenso. In diesen Büchern steht viel Gutes, und wenn er es recht versteht und anwendet, so kann er einmal ein wohlhabender Mann werden. Aber – mit Vernunft muß er alles tun. – Es steht auch vieles in den Büchern, was nicht wahr ist, und mancher schreibt von Hopfen – und Flachsbau, der in seinem Leben weder Hopfen noch Flachs gebaut hat. Wenn er also etwas Neues liest, so denke er darüber nach, ob es wahr sein möchte, und – versuche er es erst im kleinen, ob es gut tut, so kann er es nach und nach immer ins Größere treiben.« Die Fortbildung erfolgt außer durch Lektüre auch durch kleine Reisen, die Konrad mit seinen Freunden an Sonntagen unternimmt. – Aus Kap. 42: – Bisweilen reisten diese jungen Leute nun auch in der Nachbarschaft umher und besuchten die umliegenden Dörfer und Güter, gaben Achtung, wie da und dort der Acker- und Gartenbau und die Viehzucht getrieben wurden, und jeder schrieb in ein besonderes Buch, was er auf jeder Reise Neues und Merkwürdiges gelernt hatte. – Konrad kam niemals nach Hause, ohne klüger geworden zu sein. Bald hatte er einen neuen Vorteil bei Trocknung des Klees oder eine andere Art der Düngung usw. wahrgenommen. – Wenn nun die jungen Leute zusammenkamen, so diskutierten sie über das, was sie gesehen und bemerkt hatten und überlegten miteinander, ob es wohl gut und wert sei, daß man es nachtue. So wurden sie immer klüger und trieben ihre Wirtschaft wie vernünftige Menschen, die über alles nachdenken und alles besser zu machen suchen.

Der Roman schließt mit der Hochzeit Konrad Kiefers.

VI. Lebensabend Salzmanns – Würdigung seiner Persönlichkeit und seines Werkes

In unermüdlicher Tätigkeit hat Salzmann bis in sein Alter gewirkt. Er hatte dabei das Glück, seine Arbeit gelingen zu sehen; seine Anstalt entwickelte sich, und seine Bücher fanden lebhaften Widerhall nicht nur in Deutschland. Seine letzten Lebensjahre wurden freilich durch die Kriegswirren des Napoleonischen Zeitalters getrübt. Wenn auch Schnepfenthal nicht unmittelbar vom Kriege berührt wurde, so wirkte die allgemeine Unsicherheit und Verarmung doch auf die Entwicklung der Anstalt ungünstig ein. Die Schülerzahl sank. Nachdem er 1810 seine Lebensgefährtin verloren hatte, die ihm 40 Jahre lang eine treue Helferin gewesen war, starb Salzmann am 31. Oktober 1811.

Würdigung

a) Salzmann verkörpert in sich das unvergängliche Erbe der deutschen Aufklärung in reinster Weise. »Habe Mut, dich deines eigenen Verstandes zu bedienen!« ist nach Kant der Wahlspruch der Aufklärung. Salzmann handelt danach. Er ist in seinem Denken und Tun durchaus ein Kind seiner Zeit, doch übernimmt er keine Lehre oder Meinung ohne genaue Prüfung. Charakteristisch dafür ist folgender Satz aus Salzmanns Brief an seinen Freund Ausfeld (1779): Du fragst, was meine Lieblingslektüre sei? – Ich selbst – ja wahrhaftig ich selbst. Ich weiß gar nicht, wie ich in den beklagenswerten Zustand gekommen bin, daß ich unaufhörlich denke. Ich lese kaum ein paar Seiten, so stoße ich auf einen Gedanken, der mir gefällt; den ergreife ich, er wird immer lebhafter, das Buch fällt mir aus den Händen, und ich lese – mich selbst. So bewahrt er sich sein Lebenlang ein selbständiges Urteil auch gegenüber anerkannten pädagogischen Größen wie Basedow und Pestalozzi und hört auch nicht auf, sein eigenes Tun kritisch zu betrachten und erkannte Fehler offen einzugestehen und zu verbessern.

b) Salzmann gehört in die Reihe der großen Idealisten, die das deutsche Volk der Menschheit geschenkt hat. Seine treibende Kraft ist die Menschenliebe, und keine Enttäuschung kann ihm den Glauben an das Gute im Menschen rauben. Selbstlos arbeitet er rastlos für die Menschen, die ihm nahe treten: seine Familie, seine Zöglinge, seine Freunde und Mitarbeiter – und unaufhörlich ist er bemüht, seinen Wirkungskreis durch seine Bücher zu erweitern. Sein privates Leben ist beispielhaft: Einfach, persönlich bedürfnislos, immer tätig und voll Selbstbeherrschung ist er ein Vorbild für alle, die ihm nahe waren oder als Leser seiner Bücher in seinen Bannkreis kamen.

c) Zwei Gaben erklären seine pädagogischen Erfolge: seine Fähigkeit, die Menschen zu erkennen, und die Gabe, sie zu behandeln. Das zeigt sich – sehr im Gegensatz zu Basedow – in der Wahl seiner Mitarbeiter und seinem weiten Freundeskreis, wie auch in der tiefen Kenntnis der Kindesnatur und in der Anhänglichkeit seiner Zöglinge. Es gibt wenige pädagogische Probleme, die Salzmann nicht schon erkannt hat und das macht seine pädagogischen Schriften auch für die Gegenwart so wertvoll.

d) Wie der Mensch Salzmann nüchtern, volks- und naturverbunden war, so ist auch sein Stil einfach, anschaulich und volkstümlich und zieht darum auch heute noch den Leser in seinen Bann.

Krebsbüchlein oder Anweisung zu einer unvernünftigen Erziehung der Kinder. (Gekürzte Ausgabe)

1

Vorrede

Ich erinnere mich, irgendwo gelesen zu haben, daß einmal eine Gesellschaft christlicher Europäer, die sich der Handlung wegen[2] in einer bengalischen Stadt niedergelassen hatten, an einem Freudentage unter Trompeten- und Paukenschall geschmaust, getrunken, gescherzt, gelacht und gesprungen habe, unterdessen daß die braune Bürgerschaft von Teurung und Hunger gepeinigt wurde, Scharen halber Leichen in den Gassen umherwankten, zum Teil an der Schwelle des Freudenhauses niederfielen, röchelten und starben, ohne daß nur einer von der fröhlichen Gesellschaft von diesem jämmerlichen Anblicke den geringsten Eindruck auf sein Herz empfunden hätte. Bei dieser Gelegenheit wurde die Frage aufgeworfen: woher es doch kommen müsse, daß der Europäer, sobald er auf Ostindiens heißen Boden käme, seine Natur so verändere und die zärtliche Teilnahme an seiner Nebenmenschen Leiden, die er insgemein mit aus seinem Vaterlande brächte, mit barbarischer Fühllosigkeit vertausche?

Der Grund hiervon ist so schwer nicht zu finden. Boden und Himmelsstrich sind hieran unschuldig. Das Vorurteil vielmehr, diese fruchtbare Mutter des meisten Jammers, gebiert auch diese Fühllosigkeit. Wenn einmal durch ein bei der Nation herrschendes Vorurteil eine gewisse Klasse Menschen zur Unterjochung verdammt ist und die Vorrechte der Menschheit ihr entrissen sind: dann nimmt in kurzer Zeit das Herz eines jeden Bürgers eine solche

---

[1] Das Krebsbüchlein ist 1780 erschienen. Den Namen »Krebsbüchlein« hat die Schrift erst in der dritten Auflage erhalten. Zu diesem hat das Titelblatt Anlaß gegeben, das einen alten Krebs und 2 junge Krebse zeigt mit der Unterschrift: »Faciam, mi papule, si te idem facientem prius videro!« (Ich werde es tun, Väterchen, wenn ich dich dasselbe zuvor werde tun sehen.)

[2] Geschäfte halber.

Härte an, daß es dem Winseln, den Tränen und Konvulsionen dieser Menschenart zusehen kann, ohne viel mehr als bei den Verzückungen eines gewürgten Stieres zu empfinden. In den Ländern, die wir nur in der Absicht besuchen, um uns mit ihren Schätzen zu bereichern, sind nun einmal durch ein die Menschheit entehrendes Vorurteil den Landesbewohnern die Rechte der Menschheit entwunden und den Europäern das unumschränkte Recht, sie zu mißhandeln, zugestanden worden. Dieses Vorurteil atmet der Europäer ein, sobald er seinen Fuß vom Schiffe auf das Land setzt, und fühlt bald die Wirkung davon an seinem Herzen.

Es würde mir leicht sein, mehrere Beispiele von ähnlicher Fühllosigkeit gegen die Leiden einer gewissen Menschenart aus allerlei Jahrhunderten und Himmelsstrichen zusammen zu bringen. Aber wozu diese Weitläufigkeit, da wir solche Beispiele in der Nähe haben können? Wir leben in einem gemäßigten Himmelsstriche, und viele von uns sind, seit etlichen Jahren, so empfindsam geworden, daß sie der Floh dauert, dessen Wonneleben sie abkürzen müssen. Gleichwohl hat doch auch bei uns das Vorurteil eine gewisse Gattung von Menschen zur völligen Unterjochung verdammt und ihren Beherrschern eine unumschränkte Freiheit, sie nach eigener Willkür zu behandeln, zugestanden.

Diese unter dem Drucke seufzende Menschenart sind die *Kinder* und ihre Unterdrücker die *Eltern*. Die Mißhandlungen, die sie in den meisten Häusern ausstehen müssen, sind bis zum Bejammern groß; und gleichwohl sind die meisten unserer Zeitgenossen schon so sehr an dergleichen Anblicke gewöhnt, daß sie das unschuldigste Kind können peitschen sehen und sein Jammergeschrei anhören, dem Sarge eines anderen, das durch väterliches oder mütterliches Vorurteil hingerichtet wurde, folgen, ohne dabei an Ungerechtigkeit zu denken.

Vielen Kindern wird in den ersten Jahren ihres Lebens die Gesundheit ihres Körpers und ihrer Glieder durch der Eltern Schuld entrissen, indem diese ihnen teils durch die Erzeugung das Gift mitteilen, das sie durch ihre Ausschweifungen in ihr Blut gebracht haben, teils durch Vorurteile und Sorglosigkeit ihre Gesundheit zerstören. Deswegen glaube ich, ohne die Sache zu übertreiben, behaupten zu können, daß in keinem barbarischen Raubneste so viel verstümmelte Sklaven umherwandeln als in einer mittelmäßigen, polizierten (wohlgeordneten) Stadt Sieche und Gebrechliche, die durch ihrer Eltern Schuld das wurden, was sie sind.

Die Mittel, die Gesundheit der Kinder zu erhalten, sind in den meisten Häusern so verkehrt, so augenscheinlich ihrer Gesundheit und ihrem Leben nachteilig, daß ich nicht zu viel sage, wenn ich behaupte, daß die meisten Kinder, die das Jahr hindurch zu Grabe getragen werden, der Eltern Vorurteil getötet habe.

Die Strafen, die diese kleinen, schütz- und wehrlosen Menschen fast täglich ausstehen müssen, sind meistens ungerecht. Wenn gleich der Ungeheuer äußerst wenige sind, die in der Wut ihre Kinder blutig und ungesund schlagen, so haben doch die wenigsten Kinder die Züchtigungen, die sie ausstehen müssen, verdient; sie leiden also Unrecht, und jeder Rutenschlag, den man, ohne ihn verdient zu haben, übernehmen muß, ist Ungerechtigkeit.

Da sitzt eine Mutter im Kreise ihrer Freundinnen und stellt gegen ihre kleine Familie eine öffentliche Klage an, malt ihren Eigensinn, ihre Halsstarrigkeit, Bosheit, Trägheit, Unordnung mit den schwärzesten Farben ab; dort steht ein Vater vor seinem achtjährigen Sohne und hält ihm eine lange Strafpredigt, die ein Gewebe von den bittersten Vorwürfen und den pöbelhaftesten Schmähungen ist; ein anderer peitscht seine Kinder wegen allerhand Ungezogenheiten, die er an ihnen bemerkt hat. Wie aber, Freunde! wenn ihr den Kindern die Fehler und Unarten, die ihr an ihnen bemerkt, selbst beigebracht hättet, wäre es nicht ungerecht, wenn ihr sie deshalb so hämisch behandeln wolltet? Wenn ihr erst euren Kindern gewisse Fehler beibrächtet und sie nachher deshalb bestrafen wolltet daß sie dieselben so gut begriffen haben, wäre es nicht grausam?

Und dies ist ganz gewiß: Der Grund von allen Fehlern, Untugenden und Lastern der Kindern ist mehrenteils bei dem Vater oder der Mutter oder bei beiden zugleich zu suchen. Es klingt dies hart und ist doch wahr.

Der Mensch zeugt immer Kinder, die seinem Bilde ähnlich sind. Das Gehirn, Blut, Bein und Fleisch des Kindes sind von seinen Eltern entsprossen. Wenn nun die Eltern fehlerhaft an Leib und Seele, oder an beiden zugleich krank sind, so müssen notwendig alle diese Krankheiten den Früchten ihres Leibes mitgeteilt werden. Der heftige Hang zu gewissen Lastern, die unbändige Bosheit, der Eigensinn, die Halsstarrigkeit, die unordentliche Lüsternheit, die übermäßige Sinnlichkeit, die Verdrossenheit, selbst die Dummheit, wovon die meisten Kinder bald dieses, bald jenes mit aus der Windel bringen, sind augenscheinlich Mitgaben vom Vater oder von der Mutter.

Wer ferner Familien beobachtet hat, wo nicht eine vorzüglich gute Kinderzucht herrscht, der wird bemerkt haben, daß die Fehler der Kinder sich mit den Jahren vermehren und vergrößern. Wie unschuldig lächelt das zweijährige Karlchen, und wie hämisch sieht der zehnjährige Leopold aus! Diese Anmerkung ist durchgängig als wahr angenommen, daß man in vielen Häusern diejenigen Jahre, da der Verstand des Kindes sich zu regen pflegt, da also die Besserung desselben merklicher werden sollte, die Flegeljahre (man verzeihe mir diesen Ausdruck!) nennt. Und also muß es auch wohl noch Ursachen geben, die nach der Geburt die Fehler des Kindes vermehren und vergrößern. Und diese sind meistenteils wieder nirgends anders als in den Eltern zu suchen.

Die traurigen Folgen, die daraus für die Gesellschaft entspringen, sind nicht zu berechnen. Schon dies ist traurig, daß so viel tausend Unschuldige leiden und die schönsten Tage ihres Lebens mißvergnügt zubringen müssen; daß so viele, die einst die brauchbarsten Glieder des Staates hätten werden können, von der Unwissenheit ihrer Eltern entnervt, verstümmelt, zu jeder Handlung, die Kraft erfordert, unfähig gemacht oder wohl gar hingerichtet werden. Und wenn das wahr ist, was von jeher der vernünftigste Teil der Menschen behauptet hat, daß Tugend allein dem Menschen wahre Glückseligkeit verschaffe, daß der Besitz einer Welt ihm diejenige Zufriedenheit nicht zu schenken vermöge, die aus derselben entspringt: möchte nicht jedem Menschenfreunde das Herz bluten, wenn er dem größten Teile der Nachwelt dieses Gut entreißen und ihn im Laster unterweisen sieht? Wenn der junge Mensch, der noch keinen bessern, einsichtsvollem Freund als seine Eltern kennt, ihr Wort annimmt, wie wenn es vom Himmel geredet wäre, ihren Leitungen sich zuversichtlich überläßt, aber an ihnen Verräter findet, die ihn auf die gefährlichsten Irrwege leiten, von denen er sich entweder nie oder erst spät mit geschwächtem Körper, verwundetem Gewissen und tränenden Augen zurechtfindet?

Fast alles verdrießliche und freudenlose Wesen, das man an den meisten Eltern bemerkt, entspringt aus der verkehrten Art, wie sie ihre Kinder behandeln. Sie lehren ihnen Ungehorsam, Halsstarrigkeit, Eigensinn, Trägheit, Unordnung und Eitelkeit. Kinder mit solchen Untugenden sind freilich kein Reichtum. Der Vater einer so verwilderten Familie ist vielmehr ein armer beklagenswürdiger Mann. An jedem Kinde hat er einen Befehlshaber, der täglich Nahrungsmittel, Ergötzlichkeiten, Kleidung und Aufwartung fordert, ohne sich die geringste Mühe zu geben, das Seinige zum allgemeinen Besten des Hauses beizutragen. So muß der arme Vater über Vermögen arbeiten und fronen, um immerhin imstande zu sein, die Kontributionen abzutragen, die seine Kinder von ihm fordern. Das einzige, was ihm von der Herrschaft noch übrig ist, ist die Erlaubnis, bisweilen eine Strafpredigt zu halten und durch Schläge seinen Unwillen auszulassen. Man entkräftet seine Kinder und macht sie krank: man bringt ihnen eine Menge höchst widriger und unangenehmer Untugenden bei, und nun ist es freilich kein Wunder, wenn der Aufenthalt bei ihnen höchst unangenehm ist; wenn die Eltern, die ihre Tage in einer Stube zubringen müssen, wo das eine Kind wimmert, das andere durch sein bleiches Gesicht Mitleiden erregt, das dritte zankt, das vierte lärmt, sich nach einem Orte sehnen, wo sie freie Luft atmen und bei einem Kruge Bier oder Wein, oder in einer lustigen Gesellschaft, ihre Kinder und ihr Leid vergessen können.

Dieses alles hat mich nun bewogen, dieses Büchlein aufzusetzen. *Es soll eine Schutz- und Bittschrift für die armen, wehrlosen Kinder sein*, deren viele durch die Unwissenheit und Unvorsichtigkeit der Eltern um ihre vergnügten Stunden, um Tugend, Gesundheit und Leben gebracht werden. Ich habe dies mit vielen Exempeln bewiesen, davon schwerlich jemand eins lesen wird, ohne sich an ein Haus zu erinnern, wo es ebenso zugeht, wie es in dem Exempel beschrieben wird.

Gibt es allenthalben Leute, die ihre Kinder so unvernünftig behandeln, wie hier erzählt wird, so ist es ja gewiß, daß die Eltern meistens selbst an den Untugenden ihrer Kinder, oft auch an ihren Krankheiten und ihrem Tode Ursache sind.

Eltern, die ganz roh sind, werden nun freilich dadurch nicht gebessert werden, sie werden das Buch voll Unwillen weglegen, schimpfen und in der verkehrten Art, die Kinder zu behandeln, fortfahren. Für diese habe ich aber auch nicht geschrieben.

Was aber Eltern sind, die noch einiges Nachdenken haben, bei denen noch ein Funke Zuneigung zu ihrem eigenen Fleische und Blute zu finden ist, die werden doch dadurch aufmerksam gemacht werden. Wie? werden sie denken, ich sollte selbst meine Kinder krank machen? ich sollte selbst an ihren Untugenden schuld sein, die mir so viele mißvergnügte Stunden verursachen? Dieser Gedanke wird sie niederschlagen, sie werden sich die Sache weiter überlegen und gar bald sich überzeugen, daß ich die Wahrheit geredet habe. Wenn nur zehn Paar Eltern dadurch so weit gebracht würden, daß sie sich der Torheiten schämten, die sie seither begingen und die ich hier gerügt habe; wenn sie dieselben ablegten, ihre Kinder vor Verzärtelung, gekünstelten Speisen, den Klauen der Quacksalber, und was sonst der Gesundheit und dem Leben des jungen Weltbürgers schädlich sein mag, verwahrten; immer so redeten und handelten, wie sie wünschten, daß ihre Kinder reden und handeln möchten; mehr Liebe und Vernunft bei ihrer Erziehung brauchten; wenn dadurch nur in zehn Häusern die Familienfreuden, die süßesten und gesündesten unter allen irdischen Vergnügungen, wieder hergestellt würden: o wieviel Gutes hätte ich durch diese wenigen Blätter gestiftet! wie stolz wollte ich darauf sein, sie geschrieben zu haben!

Freilich werden meine Leser und Leserinnen aus diesem Buche noch nicht ersehen können, was sie eigentlich mit ihren Kindern vornehmen sollen, um Freude an ihnen zu sehen. Sind sie aber nur erst davon überzeugt, was ich sie durch alle diese Exempel habe lehren wollen, daß in ihnen selbst der Grund von den Fehlern ihrer Kinder liege, dann können sie weitere Belehrung finden in meinem: *Konrad Kiefer, oder Anweisung zu einer vernünftigen Erziehung der Kinder.*[3]

Das ganze Buch ist in einem scherzhaften Tone abgefaßt; nicht deshalb, als wenn ich glaubte, daß die Torheiten, von denen ich

---

[3] Siehe Einleitung

rede, unbedeutende, belachungswürdige Kleinigkeiten wären; denn aus dem, was ich in dieser Vorrede gesagt habe, kann man schon schließen, daß ich diese Torheiten für solche Übel halte, welche die Tränen des Menschenfreundes verdienen. Deshalb schrieb ich vielmehr scherzhaft, damit ich desto mehr Leser herbeilocken und ihnen im Scherz Wahrheiten sagen könnte, die den meisten so nützlich, so unentbehrlich sind, damit auch diese das Büchlein lesen möchten, die nicht Geduld genug haben, einen ernsthaften Vortrag auszuhalten.

Daß hier und da ein pöbelhafter Ausdruck vorkommt, wird man mir hoffentlich verzeihen. Wenn man schildern will, muß man die Sachen vorstellen, wie man sie findet. Ein netter, reinlicher Anzug, den der Maler um den Körper des Bettlers hängen wollte, würde das Auge des Kenners mehr beleidigen als ein zerrissener Rock. Alsdann erst hat man Ursache, sich zu beschweren, wenn die Vorstellung der Natur so hoch getrieben wird, daß die Schamhaftigkeit darunter leidet. Und dieses kann man mir nicht zur Last legen.

Übrigens hoffe ich von allen Eltern, die nur einiges Nachdenken haben, *daß sie dieses Büchlein sorgfältig verschließen werden, damit es ja nicht in die Hände der Kinder komme.* Sie würden alle Achtung bei ihren Kindern verlieren, wenn diese die Torheiten ihres Betragens kennen lernten. Auch der einfältigste Vater behauptet oft eine Zeitlang sein Ansehen unter seinen Kindern. Es ist aber um ihn geschehen, sobald seine Einfalt in der Kinder Gegenwart aufgedeckt wird.

Chr. Gotth. Salzmann.

Mittel, sich bei den Kindern verhaßt zu machen.

I.

Man darf ihnen nur unrecht tun, so wird der Haß von selbst erfolgen.

1. Das kleine Lottchen war in den Grasgarten ihres Vaters gegangen. Da war alles voll von Veilchen! Hei! rief Lottchen vor Freuden aus, da gibt es schöne Blümchen! Davon will ich die ganze Schürze voll pflücken und der Mutter ein Sträußchen winden. Geschwind kniete sie nieder und pflückte mit der größten Emsigkeit ihr Schürzchen voll, dann setzte sie sich unter einen Apfelbaum und machte das Sträußchen fertig.

Da ist es! sagte sie, nun will ich geschwind zur lieben Mutter gehen und es ihr bringen. Das wird eine Freude sein! da will ich mir ein paar süße Mäulchen verdienen.

Um die Freude noch größer zu machen, schlich sie sich in die Küche, nahm einen porzellanenen Teller, legte das Sträußchen darauf, und nun ging es in vollem Springen die Treppe hinauf nach der Mutter zu. Da stolperte Lottchen – fiel – und pauz! da ging der porzellanene Teller in hundert Stücke und das Sträußchen flog eine ganze Strecke fort. Die Mutter, die in der Stube den Fall hörte, sprang sogleich zur Türe heraus. Und da sie den zerbrochenen Teller sah, lief sie zurück, holte eine dicke Rute, und, ohne sich nur mit einem Worte zu erkundigen, was das Kind mit dem Teller habe machen wollen, ging sie auf dasselbe zornig los.

Dieses war vor Schrecken über den Fall, über den zerbrochenen Teller und über die Rute halb tot und konnte weiter nichts vorbringen als: liebe Mutter! liebe Mutter! Das half aber alles nichts. Du kleine Bestie! sagte die Mutter, so einen schönen Teller zu zerbrechen! und gab ihr derbe Rutenstreiche.

Lottchen geriet in eine Art von Wut, da sie sah, daß ihr so offenbar unrecht geschah. Lange konnte sie es nicht vergessen, und niemals fiel es ihr wieder ein, der Mutter ein Sträußchen zu winden.

2. Luischen bekam von ihrer Pate ein kleines Schüsselbrett voll Zinn zum Weihnachtsgeschenke. Größere Freude hätte sie ihr nicht

machen können. Sie stellte noch an dem Tage, an dem sie es bekam, alles in Ordnung. Wenn andere Kinder sie besuchten, so gab sie ihnen einen kleinen Schmaus, wobei allemal die Schüsselchen, Tellerchen und Leuchterchen gebraucht wurden, die auf dem Schüsselbrett standen. Sobald sie weggegangen waren, wurde alles wieder abgewaschen und an seinen Ort gestellt. Ihre Pate hatte darüber ein großes Vergnügen, weil sie es als ein Mittel ansah, das Kind früh zur Ordnung zu gewöhnen.

Die Freude dauerte aber nicht gar lange. Einst reichte Wilhelm, ihr kleiner Bruder, nach dem Zinn, und sogleich gab ihm der Vater ein Schüsselchen. Dann reichte er noch einmal und bekam auch ein Tellerchen. Beides verbog er im Augenblick. Luischen traten die Tränen in die Augen, als sie zurückkam und den Schaden sah, den ihr der Bruder zugefügt hatte. Weil sie aber hörte, daß der Vater es ihm gegeben hatte, so verbiß sie ihren Schmerz. Den andern Tag ging es aber wieder so, und es wurden zwei Leuchterchen verbogen.

Da konnte sich Luischen nicht länger halten. Voll Jammer lief sie zum Vater. Lieber Vater, sagte sie, weißt du auch, daß Wilhelm mir meine schönen Sachen verdirbt? Einfältiges Mädchen, bekam sie zur Antwort, was geht es denn dich an? Ich kann ja mit deinen Sachen machen, was ich will.

Luischen schwieg. In weniger als vier Wochen lag ihre ganze Freude im Auskehricht. Sie unterdrückte ihren Schmerz, wurde aber von der Zeit an auf ihren Vater so unwillig, daß sie ihm lange keinen recht freundlichen Blick geben konnte.

3. Ich habe einen wunderlichen Vater gekannt, der nicht vermögend war, seinen Kindern mit Gelassenheit etwas zu verweisen oder sie zu bestrafen. Zwar konnten die Kinder oft toben, sich zanken und schlagen, ohne daß er besonders dadurch wäre beunruhigt worden; wenn ihm aber bei der Arbeit etwas nicht nach Wunsch ging, oder die Frau oder sonst jemand ihn beleidigt hatte, so geriet er in einen heftigen Zorn.

Da er noch unverheiratet war, zertrat er im Zorn die Teetassen oder prügelte seinen Hund aus. Seitdem er aber Kinder hatte, suchte er insgemein an ihnen seine Wut zu kühlen. Um der geringsten

Kleinigkeit willen behandelte er sie so barbarisch, daß ihnen oft das Blut aus Mund und Nase floß.

Konnten die Kinder wohl diesem Tyrannen gut bleiben?

4. »Sag' mir nur, was ich mit meiner Christiane anfangen soll? So ein hartnäckiges, verstocktes Mädchen kann es unter der Sonne nicht mehr geben! Wenn ich ihr etwas verweise, gleich belfert sie wider. Befehle ich ihr etwas, da solltest du nur sehen, wie sie mich ansieht, als ob sie mich erstechen wollte. Wenn ich das Kind nur nicht mehr vor Augen sehen sollte!« So redete eine Mutter zu ihrem Bruder.

Der Bruder, der ehedem in Christianchen die unschuldigste, gefälligste Seele bemerkt hatte, verwunderte sich über diese harte Anklage nicht wenig, verwies seine Schwester zur Geduld und versprach ihr in kurzem den Grund von der Ausartung ihrer Tochter aufzusuchen.

Die Gelegenheit fand sich bald. Frau Selbstin, so hieß Christianchens Mutter, bewirtete eine Gesellschaft von Freunden bei sich, unter denen sich auch ihr Bruder befand.

Da der Kaffee aufgetragen wurde, mußten die Kinder der Frau Selbstin herbeikommen.

Es waren ihrer drei. Zwei davon waren vorzüglich schön, und ihre ganze Gestalt hatte so etwas Angenehmes, daß sie notwendig jedem, der sie sah, gefallen mußten. Sie waren dreist und reich an Einfällen, die allemal belacht wurden, ob sie gleich nicht immer viel taugten. Christianchen war auch nicht häßlich. Sie verlor aber viel, wenn sie zwischen ihren schönen Schwestern stand. Sie hatte sehr artige Einfälle, war aber so schüchtern, daß sie, besonders in großer Gesellschaft, wenig sprach. Jene Mädchen waren auf das niedlichste angekleidet, und man sah es ihnen an, daß die Mutter recht darauf studiert hatte (bedacht war), ihre Reize durch den Anzug noch mehr zu erhöhen. Christianchen war äußerst nachlässig angezogen, und man merkte ganz deutlich, daß ihr ganzer Anzug aus Kleidungsstücken zusammengesetzt war, die ihre Mutter abgelegt hatte.

Ei die allerliebsten Kinder! rief die Gesellschaft, sobald dieselben in das Zimmer traten, und jedes küßte Christianchens Schwestern.

Diese bekam nur ein paar kalte Mäulchen, dann ließ man sie stehen. Bei den andern konnte man des Küssens nicht satt werden. Man nahm sie auf den Schoß, man lobte ihren Putz, ihre Bänder, ihre Haarlocken; man ließ sich mit ihnen in ein Gespräch ein; aber das arme Christianchen wurde nicht bemerkt. Die Mutter, die einige Minuten mit größtem Wohlgefallen dieser Komödie zugesehen hatte, fing nun an, in das Lob dieser beiden Mädchen auszubrechen. »Was für drollige Kinder das sind, das kann ich Ihnen nicht sagen. Denken Sie nur, was die Lotte gestern für einen Streich machte! Ich hätte mich mögen entzwei lachen. Und die Luise, ja, die ist auch ein durchtriebenes Ding!«

So plauderte die Mutter wohl eine halbe Stunde lang. An Christianchen aber dachte gar niemand. Die stand in einer Ecke, wie wenn sie nicht ins Haus gehörte. Sie schlug beschämt die Augen nieder, besah die Nägel an den Fingern, knüpfte das Band an ihrer Schürze auf und zu – die Miene verzog sich endlich, da sie es nicht länger aushalten konnte; sie sprang hinaus und schlug die Tür ziemlich ungestüm zu.

Siehst du, Bruder, sagte die Mutter, was für ein abscheuliches Kind sie ist?

Aber der Bruder war außer aller Fassung. Hände und Füße zitterten ihm. Er mußte sich entfernen und in das Nebenzimmer gehen, wo er sich in einen Lehnstuhl warf.

Nun? sagte die Mutter, als sie ihn in diesem Zustande fand, was soll denn das sein?

Br.: O laß mich, grausame Mutter!

M.: Ich? grausam?

Br.: Das bist du.

M.: Gegen wen bin ich grausam?

Br.: Gegen deine Kinder bist du grausam, und besonders gegen die arme Christiane.

M.: Ich weiß nicht, was für ein Gewäsche das sein soll. Erkläre dich deutlicher! Ist das vielleicht Grausamkeit, daß ich ihr nicht gleich die Hiebe zugezählt habe, die sie mit dem Zuschlagen der Tür verdient hat?

Br.: Ach! Daß doch eine Frau, die vernünftig sein will, so unbesonnen reden kann! Christiane ist nicht so schön als ihre Schwestern: dafür kann sie nichts. Anstatt nun, daß du etwa darauf denken solltest, ihr einen Anzug zu wählen, der doch ein bißchen ersetzte, was ihr die Natur versagt hat, so wirfst du ihr die Lumpen zu, die du abgelegt hast, und behängst die andern Kinder mit hunderterlei Pöschen,[4] damit ja alle Welt auf sie sehen und die Christiane nicht bemerken soll. Alles, was jene Kinder vorbringen, und wenn es noch so abgeschmackt ist, das wird bewundert und belacht. Anstatt daß du nun die Fremden, welche die guten Eigenschaften der Christiane nicht kennen, zurechtweisen und sie auf die Vorzüge derselben aufmerksam machen solltest – da trittst du selbst mit hin, und suchst alles für jene Kinder einzunehmen. Ist Christianchen vielleicht ein Klotz? Sollte sie dies nicht kränken? Machst du sie nicht selbst boshaft? Machst du nicht, daß sie dir gram, daß sie auf ihre Geschwister neidisch wird? Und Schwester! kurz und gut – ich nehme Christiane zu mir.

Und das tat er wirklich. Er nahm bei dem Abschiede Christiane mit nach Hause, und sie wurde unter seiner Aufsicht binnen wenig Wochen das beste, gefälligste Mädchen.

II.

Versage deinen Kindern unschuldige Ergötzlichkeiten, und sie werden dich verabscheuen.

Ein gewisser Mann hatte noch in seinem fünfzigsten Jahre die Freude, Vater zu werden. Seines Alters wegen war er gesetzt und ernsthaft in seinem Betragen und wollte nun, daß sein Gustav ebenso sein sollte.

Und er war nicht so. Da er seiner Füße mächtig wurde, fühlte er seine Kräfte und Munterkeit, hüpfte, scherzte und suchte Gespielen, um sich mit ihnen zu ergötzen.

Dies verursachte dem Vater großen Verdruß.

Er nahm Gustav bisweilen als Gesellschafter, wenn er auf das Feld spazierte. Wenn nun dieser den Schmetterlingen nachlief oder

---

[4] Putzgegenstände.

auf den Wiesen umherhüpfte, um Blumen zu suchen, so rief ihm der entrüstete Vater zu: Gustav! Gustav! wo läufst du denn umher? willst du gleich her? Pfui, der wilde Gassenjunge! Sieh doch, wie ich gehe! kannst du es nicht ebenso machen?

Das Kegelspiel, das Gustav von seinem Vetter zum Geschenke bekommen hatte, verbrannte er, und einen Ball, den er einmal nach Hause gebracht hatte, zerschnitt er und sagte, die Zeit, die er mit Spielen verderben wollte, könnte er besser anwenden, wenn er ein Hauptstück aus dem Katechismus lernte.

Wenn Gustav bei ihm auf der Stube war, so mußte er ganze Stunden sitzen, ohne daß er sich von seiner Stelle bewegen durfte.

Durch diese Art der Behandlung machte sich dieser Mann seinem Sohne so verhaßt, daß er bei den rohesten Leuten lieber als bei seinem Vater war.

Da der Vater starb, floß keine Träne der Wehmut aus seinen Augen. Gut, dachte er, daß ich dieser verdrießlichen Aufsicht los bin; nun kann ich doch leben, wie ich will.

Mittel, sich bei den Kindern verächtlich zu machen

I.

Macht eure Kinder mit euren Fehlern bekannt, und sie werden euch gewiß verachten.

1. Hans und Grete waren einander ziemlich gut, hatten aber beide ein so heftiges Temperament, daß eine Kleinigkeit, die man in anderen Häusern gar nicht achtet, sie so aufbrachte, daß sie alle Überlegung verloren. Oft umarmten sie einander des Morgens auf das zärtlichste und versicherten einander ihre Liebe; aber in eben derselben Stunde runzelten sie auch oft die Stirnen, die Augenbrauen zogen sich zusammen, die Zähne knirschten, die Mäuler öffneten sich und sprudelten einen Wust von pöbelhaften und beleidigenden Reden von sich.

So umarmte z. B. Hans einmal sein Gretchen auf das inbrünstigste und sprach: Bestes Gretchen!

Gr.: O du guter Hans!

H.: Wenn ich dir nur sagen könnte, wie lieb ich dich habe!

Gr.: O du gehst mir über alles in der Welt!

H.: Aber das Loch, das Christoph in der Jacke hat, hast du noch nicht zugestochen.

Gr.: Das dacht' ich wohl! Kaum bist du aus dem Bette, so geht das Knurren schon an! Das wird –

H.: Ho, ho! ich werde doch wohl reden dürfen, bin ich nicht Herr im Hause?

Gr.: Ha! ha! ha! Herr ? so ein Kerl, wie du bist? Wenn der nur nicht von Herrschaft reden wollte.

H.: Mensch, räsonniere nicht! Du mußt ja Gott danken, daß du mich bekommen hast.

Gr.: Ei denk' doch! so ein Lump, wie du bist, ist allenthalben zu haben.

H.: Du Käthe, was willst du reden! Du tust ja nichts, du fragst ja viel danach, ob deine Kinder wie die Bettelkinder umherlaufen. Deine Wäsche – Schimpf und Schande hat man nur, daß man sie einem ehrlichen Menschen soll sehen lassen.

Gr.: Pfui! über das Gerede. Wenn du dich doch nur um dich bekümmertest!

Die Kinder hörten gemeiniglich diesen Zänkereien sehr begierig zu.

Wenn es die Eltern bemerkten, so verdoppelten sie ihre Kräfte, um einander die empfindlichsten Schmachreden zu geben: weil jedes gerne die Kinder überzeugen wollte, daß es recht und das andere unrecht habe.

Die Kinder gaben in ihren Gedanken beiden recht und hielten beide für nichtswürdige Leute. Es kam am Ende so weit, daß sie auf ihrer Eltern Befehle gar nicht mehr achteten, und die Eltern konnten gar nicht begreifen, woher dies kommen möchte.

2. Es war einmal ein Mann, der den Fehler hatte, daß, wenn er in Gesellschaft seiner Freunde ein Gläschen Wein trank, er ohne Überlegung plauderte, was ihm auf die Zunge kam. Oft vergaß er sich so sehr, daß er alle seine jugendlichen Torheiten erzählte. Er wollte sich vor Lachen ausschütten, wenn es ihm einfiel, wie er in seiner Kindheit seiner Mutter über die Äpfelkammer geraten war, was für Mutwillen er mit seinen Schulkameraden getrieben und was für Ausschweifungen er auf seiner Wanderschaft bald in dieser, bald in jener Schenke begangen hatte.

Seine Kinder fanden in dergleichen Erzählungen so viel Vergnügen, daß sie oft Messer und Gabel liegen ließen, Essen und Trinken vergaßen, damit ihnen ja kein Wort entwischen möchte.

Wenn er das merkte, so hielt er freilich an sich und sagte: Wie man halter ist, wenn man jung ist! Jugend hat Untugend!

Da nun die Kinder wußten, daß sie auch jung waren, so glaubten sie, sie müßten auch Untugend haben, und erlaubten sich alle Ausschweifungen, die ihr Vater begangen hatte, und noch viel mehr.

Wenn ihnen dann der Vater dieses verwies, so richtete er insgemein wenig aus, denn sie dachten: du hast es ja eben nicht besser gemacht!

II.

Befiehl viel, ohne nachzufragen, wie es befolgt worden; drohe immer, ohne deine Drohungen zu erfüllen, und du wirst bald deiner Kinder Spott werden.

1. Wenn man nach den Anordnungen hätte urteilen sollen, die Kunigunde immer bei ihren Kindern machte, so hätte man meinen sollen, ihre Familie müßte ein Muster guter Ordnung sein.

Du, Christinchen! du sollst die Schlafkammer unter deiner Aufsicht haben und sie alle Morgen aufräumen! deine Kleider in diesen Schrank hängen! die Wäsche in diesen Kasten legen! Richte dich danach! Und du, Wilhelm, sollst dafür sorgen, daß die Gläser ausgespült und die Messer geputzt werden! Zehn Uhr und vier Uhr sollst du allemal nachfragen, ob ich dich wohin zu verschicken habe! Merke es!

Diese Sprache führte sie täglich, und täglich gab sie neue Gesetze, ohne sich zu erkundigen, wie die alten befolgt würden. Und Christinchen räumte die Schlafkammer nicht auf und warf ihre Kleider und Wäsche an den Ort hin, wo sie sie auszog; Wilhelm hingegen spülte weder die Gläser aus, noch putzte er die Messer und war um zehn und vier Uhr gewiß auf dem Spielplatze.

Endlich kam es so weit, daß die Kinder sich umdrehten und lachten, wenn die Mutter ihnen neue Gesetze geben wollte.

2. Untersteh' dich noch einmal und schlage mir die Tür wieder so zu, so sollst du sehen, was du gemacht hast! Wenn du noch einmal mit ungewaschenen Händen dich zu Tisch setzest, so sollst du gewiß trockenes Brot zu essen bekommen. Diesmal will, ich es dir noch verzeihen, aber das erste Mal, daß du es wieder tust, so will ich dir gewiß die Rute so derb geben, als du sie noch nie bekommen hast! Ja, sieh' mich nur an! Du denkst gewiß, es wäre Spaß? Nein, darauf wage es nicht! du wirst sehen, daß mit mir gar nicht zu spaßen ist.

Dies war der Ton, aus welchem der Vater fast täglich mit den Kindern sprach. Seine Unterredungen waren lauter Drohungen, die nie erfüllt wurden.

Das merkten die Kinder bald. Sie schlugen die Türen zu, kamen mit ungewaschenen Händen zu Tisch, trieben allerlei Mutwillen, ohne den drohenden Vater im geringsten zu scheuen.

Darüber kam nun der gute Mann oft in solchen Eifer, daß ihm alle Glieder zitterten, daß er auf den Tisch schlug, daß die Gläser klangen, und wohl schwur, er wolle einmal ein Exempel an seinen Kindern statuieren, das sie ihr lebelang nicht vergessen sollten.

Hm! dachten alsdann die Kinder, so geschwind geht es nicht.

3. Nun ist es bald Weihnachten! Wer von euch recht fromm gewesen ist, der soll auch etwas recht Schönes bekommen. Wer aber böse ist, dem wird eine derbe Rute beschert werden, und sonst nichts.

Diese Reden trieb Frau Lore gegen ihre Kinder vom ersten Adventsonntage an täglich. Konstant, der ohnedies ein guter folgsamer Junge war, ließ sich dies noch mehr zum Guten ermuntern; aber Klärchen, ein kleines flatterhaftes Ding, ließ sich dadurch im geringsten nicht reizen, ihren Leichtsinn abzulegen. Sie blieb so mutwillig, unfleißig und tückisch wie zuvor.

Konstant verwies es ihr oft und erinnerte sie, daß sie sich wohl noch um ihre Weihnachtsfreude bringen würde.

Hm! antwortete Klärchen, dafür ist gebeten; ehe Weihnachten kommt, hat die Mutter alles vergessen!

Nun kam Weihnachten. Was geschah? Der gute, folgsame Konstant bekam eine ganze Wanne voll Äpfel, Nüsse und ein paar neue Hosen; hingegen das ungehorsame Klärchen bekam einen ebenso großen Korb voll Äpfel und Nüsse, und noch überdies einen schönen Rock, der wohl noch einmal so viel kostete als Konstants Hosen.

Etsch, sagte sie zu ihm, habe ich dir es nicht gesagt? Daß ich doch kein Narr wäre und mich vor dem Schmälen der Mutter fürchtete!

Konstant merkte es sich. Frau Lore mochte hinfür von Rute oder Stock reden, so sah er Klärchen an und lachte.

Mittel, Kindern frühzeitig Haß und Neid gegen ihre Geschwister einzuflößen

I.

Entziehe dem einen deine Liebe und schenke sie ganz dem andern.

Zwei Brüder, Christian und Christoph, hatten im Grunde beide gute Herzen, aber eine ganz entgegengesetzte Gemütsart. Christian war munter und sinnreich, Christoph hingegen verdrossen und mürrisch. So wie ihre Gemütsart, so war auch ihr Äußerliches. Christian hatte immer eine lächelnde, gefällige Miene. Christoph sah immer ernsthaft und finster aus, selten sah man ihn lachen. Bei jenem ging alles in Hüpfen und Springen, dieser hatte einen schwerfälligen Gang. Jener war sehr reich an scherzhaften Einfällen, dieser desto ärmer. Und wenn auch beide einerlei sagten, so kleidete es doch jenem wegen seiner Freundlichkeit besser als diesem. Wenn Christian sagte: krieg' ich auch Kirschen? so war man fast nicht vermögend, sie ihm abzuschlagen. Und wenn Christoph sprach: krieg' ich auch Kirschen? so schien es, als wenn er eine Ungezogenheit begangen hätte.

Da war es nun ganz natürlich, daß alle Leute, die Christophs gute Seele nicht kannten, ihn vernachlässigten und Christian ihm vorzogen. Die Kinder drängten sich um diesen, rissen ihn mit zum Spiele fort, und jenen ließen sie stehen. Kamen Fremde in das Haus, so konnten sie bei Christian des Lobens und Schmeichelns nicht satt werden; aber den guten Christoph – ja, den bemerkte man nicht.

Dies ging am Ende so weit, daß die Eltern selbst sich in Christian vergafften und Christoph beinahe alle Liebe entzogen.

Schon der Ton, aus welchem sie mit beiden sprachen, war äußerst verschieden, so daß man hätte glauben sollen, Christoph wäre ein Stiefkind.

Christianchen, willst du mir denn ein Glas Wasser holen?

Da Christoph, nimm das Glas! bring es voll Wasser!

Komm', du kleiner blauäugiger Vogel! da habe ich dir etwas mitgebracht. Sieh' einmal die Kirschen!

Da Christoph, hast du auch Kirschen!

Ah! bist kein hübscher Christian. Hast dir das ganze Gesicht mit Heidelbeeren blau gemacht.

Wie doch der Junge einmal aussieht – wie ein Schwein! Hat man doch weiter nichts zu tun, als an dir zu waschen.

Christian! Christian! wenn du mir das noch einmal tust, so setzt es etwas. Ich schlage nicht gern, das weißt du. Aber – wenn du im Guten nicht hörst – kennst du da die Rute?

Hundsföttischer Junge! was hast du gemacht? Untersteh' dich's noch einmal, so will ich dich gewiß an die Ohren schlagen, daß du dich um und um drehen sollst.

So verschieden nun der Ton war, aus dem die Leute mit ihren Kindern sprachen, so verschieden war auch ihr ganzes Betragen gegen sie.

Christian kam bei den größten Ungezogenheiten mit einem kleinen Verweise durch, Christoph wurde bei den kleinsten Versehen mißhandelt; jener bekam manchen Honigkuchen, manche Makrone, manche Pfirsiche, und der arme Christoph mußte das Maul wischen. Zehnmal kniff die Mutter wohl den Tag über Christian in die vollen Backen; aber der gute Christoph – daß er doch nur einmal eine Liebkosung bekommen hätte! Über Tische bekam Christian immer zuerst und das beste Stück. Wurde spazieren gefahren, so brauchte er nur mit seinen blauen Augen nach dem Vater und der Mutter zu schielen, so kam er gewiß mit. Aber Christoph – der mußte immer zu Hause bleiben – nahm man ihn ja einmal mit, so wurde es ihm als eine besondere Gnade angerechnet. Daß Christian auch in seiner Kleidung einen Vorzug hatte und man sich alle Mühe gab, ihm immer etwas anzubinden und anzustecken, das in die Augen fiel, versteht sich von selbst.

Dadurch wurde nun Christoph alle Tage erbitterter. Er wurde seinem Bruder gram. Wenn dieser etwas geschenkt bekam, anstatt, daß er darüber eine Freude hätte haben sollen, so ärgerte er sich; bekam Christian hingegen einen Verweis, oder stieß er sich, oder fiel er, so hatte er eine Freude. So wenig er zu lachen pflegte, so habe ich ihn doch einmal lachen sehen, da der schöne Blumentopf, den sein Bruder von der Mutter bekommen hatte, vom Schranke fiel.

Die Bosheit seines Herzens wurde täglich genährt und wuchs so stark, daß er sie am Ende nicht mehr bergen konnte.

Anfänglich legte er sich auf das Belfern. Wenn Christian etwas vor ihm voraus bekam, so sprudelte er allerlei unanständige Reden heraus: das ist wahr – das ist nicht erlaubt – Christian kriegt alles – ich kriege nichts – hu-hu-hu-, bin ebensowohl Kind. – Das übrige murmelte er durch die Zähne, die gemeiniglich vor Bosheit knirschten.

In der Folge verging er sich so weit, daß er seinem Bruder alle mögliche Tücke zufügte. Er riß Blätter aus dessen Büchern, befleckte seine Kleider, täglich gerieten sie aneinander, schimpften, rauften und balgten sich, und, da Christoph derbere Fäuste hatte, so warf er oft seinen Bruder zu Boden, faßte ihn bei den Haaren und schlug den Kopf vor die Erde.

Freilich bekam er allemal dafür seine Strafe; das half aber alles nichts. Er wurde von Tag zu Tag schlimmer, und seine Mutter sagte oft: wenn ich nur wissen sollte, wo der Junge herkäme! Hopfen und Malz sind an ihm verloren! Er kriegt alle Tage Schläge und ist doch so boshaft.

II.

Wenn du ein Kind strafest, so lobe das andere.

Frau Anna war in ihrem Betragen oft heftig. Wenn ein Kind etwas versah, so fuhr sie über dasselbe her, zauste es bei den Haaren, gab ihm Maulschellen und Faustschläge. War sie nun ermüdet, so fiel sie in den Lehnstuhl, hielt noch eine lange Strafpredigt und dann kam sie gewöhnlich auf das andere Kind zu reden, das denselben Tag keine Schläge bekommen hatte, dem sie eine ebenso übertriebene Lobrede hielt.

Um mich deutlicher zu erklären, will ich doch einmal ein Exempel hersetzen.

Katharinchen, ihr ältestes Töchterchen, hatte einmal Lust, sich am Wasser zu vergnügen. Sie setzte Stückchen Holz auf das Wasser, sagte, das wären Schiffe, und hatte da ihre Lust daran. Dann wollte sie fischen, fuhr mit den Armen bis über den Ellenbogen in das Wasser, und wenn sie ein Steinchen oder ein Stückchen Eisen erhascht hatte, so rief sie ihren Gespielinnen zu: he! ich habe einen Fisch gefangen! da habe ich einen Karpfen! da habe ich eine Forelle! Mit dieser Lust machte sich Katharinchen nach und nach so naß, daß alle ihre Kleider trieften. Christinchen aber, der es damals gefiel, ein paar junge Sperlinge zu rupfen, nahm an dieser Lust keinen Anteil und blieb also trocken.

Da traf nun Frau Anna ihr triefendes Katharinchen an und gleich – schwapp, schwapp – hatte sie ein paar tüchtige Ohrfeigen. Sie griff ihr in die Haare, schleppte sie in die Stube, zauste sie noch ein paar Minuten, dann fiel sie halb atemlos in den Lehnstuhl und hielt ihr noch folgende Strafpredigt:

Du gottvergessenes Kind! Schimpf und Schande hat man von dir! Ich ziehe und ziehe an dir, und es bleibt immer, wie es ist. Und wenn ich mir das Maul bis zu den Ohren rede, so wirst du nicht anders. Ein Sausiedel, ein rechter Aschenbrödel bist du. Wie sie dasteht, die große Elze! wie ein Trempel! Die Schürze habe ich ihr erst heute weiß vorgetan – wie sie schon aussieht! Pfui! ich wollte mich schämen, wenn ich hübscher Leute Kind wäre und wollte mich so säuisch aufführen! Da lob' ich mir das Christinchen! wie das so reinlich dasteht, wie wenn sie ein Kätzchen geleckt hätte! das hält doch etwas auf sich! das wird niemals solche dumme Streiche vornehmen! Aber komm' her, mein liebes Christinchen! ich will dir ein Mäulchen geben. Von Katharinen – dem – pfui! ich will nichts mehr von ihr wissen – mit dem Besen will ich sie fortkehren!

Machte nun Christinchen den andern Tag etwas nicht nach der Mutter Kopfe, so bekam sie eben diese Strafpredigt und Katharinchen wurde ihr zum Muster vorgestellt.

Was Frau Anna bei diesem Betragen gegen ihre Kinder eigentlich zur Absicht gehabt hat, weiß ich nicht. Wenn aber dies ihre Absicht war, ihre Kinder gegeneinander aufzuhetzen, so hat sie dieselbe glücklich erreicht.

Sie wurden gegeneinander so erbittert, daß sie einander mit den Augen hätten erstechen mögen. Das gelobte Kind ärgerte sich immer über das bestrafte, weil es der Mutter so vielen Verdruß verursachte, und das bestrafte hätte vor Unwillen vergehen mögen, daß dem Schwesterchen, das doch eben nicht besser war, solche Lobeserhebungen gemacht wurden.

III.

Sei fein gelinde bei den Kränkungen, die deine Kinder einander zufügen, und hüte dich, ihre Zänkereien genau zu untersuchen.

Marianne wußte sich sehr gut bei ihren Eltern einzuschmeicheln; aber das ist nicht zu leugnen, daß sie auch sehr tückisch, bisweilen boshaft war. Hatte ihr Bruder etwas, das ihr anstand, so zog sie es an sich oder zerriß, zerschlug und verdrehte es. Da fing nun Wilhelm allemal ein Zetergeschrei an. Die Eltern sprangen bei. – Was gibt es? riefen sie.

Die Marianne, die, antwortete Wilhelm, hat meine Zahlpfennige genommen! Sie hat mein Bildchen zerrissen!

Mußt du denn um so eine Kleinigkeit so einen Lärm anfangen? Sei doch nur stille! Wie lange wird es währen, so hat sie dies Spielzeug satt und wirft es hin, da kannst du es ja wieder nehmen.

Dies war gemeiniglich die ganze Genugtuung, die Wilhelm für die Beleidigungen bekam, die seine Schwester ihm zufügte.

Bisweilen, wenn die Kinder zu schreien anfingen, sprangen die Eltern auch wohl zu, und ohne nur die geringste Untersuchung anzustellen, wer den Zank veranlaßt habe, schlugen sie auf beide hinein. Wilhelm bekam insgemein die derbsten Hiebe, weil er am heftigsten zu schreien pflegte.

Dies brachte ihn oft so auf, daß er anfing, sich selbst Recht zu schaffen. Wenn seine Schwester ihn getückt hatte, so fuhr er auf sie hinein, raufte und mißhandelte sie, und sie wurden beide gegeneinander so erbittert, daß sie einander lebenslang recht heidnisch haßten.

Mittel, bei den Kindern die Menschenliebe zu ersticken

Sprich von den Menschen in deiner Kinder Gegenwart recht viel Böses.

1. Herr Orgon hatte sich seinen Lehnstuhl so setzen lassen, daß er von da aus die ganze Straße übersehen und alle Vorbeigehenden beobachten konnte. Da er nun weiter nichts zu tun hatte, so beschäftigte er sich damit, daß er die Vorübergehenden beurteilte und mit diesen Beurteilungen sein Weibchen und seine Kinder unterhielt. Die Urteile fielen durchgängig sehr hämisch aus.

Wie doch das Käthchen so keck davon geht, als wenn sie kein Wässerchen trübte! Sie denkt gewiß, die Stadt habe es schon vergessen, was im vorigen Jahre mit ihr und dem Nachbar vorging? – Hm!

Da kommt Meister Friedrichs Tochter – wer die zur Frau bekommt, der wird sich auch laben – wie sie sich herausgeputzt hat – wie sie schwänzelt!

Guckt alle her! wie sich der Herr Doktor N. brüstet! Tausend! es ist schade, daß die Gasse nicht ein bischen breiter ist. Wenn er doch an das Kapital dächte, das er noch an seinen Schwager zu bezahlen hat, da würde ihm der Mut bald vergehen!

Denk'! Denk! Meister Jörchens Gottfried – gar einen Haarbeutel – gar seidene Strümpfe! und hat doch wohl kein Hemd auf dem Leibe.

Wie doch die N-schen Kinder so zerlumpt hergehen! wie kläglich sie aussehen, als wenn ihnen die Hühner das Brot genommen hätten! Man soll zwar von den Toten nichts als Gutes reden, aber ihr Vater, tröst' ihn Gott, wenn er zu trösten ist! war ein infamer Mann. Was der in seinem Leben für Unheil gestiftet hat! Gottes Strafe bleibt doch nicht aus.

He Bauer! wie teuer gebt ihr das Korn? Acht Groschen die Metze! Seid ihr närrisch? (Zu seinen Kindern:) Das ist wahr, es ist doch kein gröberer Flegel in der Welt als ein Bauer. Wenn er dem Bürger etwas verkauft, so fordert er in das Gelag hinein, und das Beste behält er immer für sich. Seine faulen Eier, die Milch, wo die Mäuse darin ertrunken sind, seine kranken Hühner und Gänse – die trägt er alle zu Markte – die soll unsereins alle essen.

Meister Franz hat ja gar einen neuen Regenmantel! Er hat gewiß ein paar gute Brautkleider zu machen gehabt, daß er etliche Ellen Stoff hat können unterschlagen. Ich habe es meine Tage gehört: Schneider, Müller und Leineweber sind alle Spitzbuben.

Sieh'! jetzt vergeht doch Frau Marcipillen das Großtun! Wenn ich zurückdenke, wie das Weib sonst so hoch herfuhr! In keinem Laden war ihr etwas gut genug. Alle Sonntage mußte Braten – alle Tage zweimal Kaffee sein. Ha, ha! wenn sie doch jetzt satt Hering und Kofent hätte!

Geschwind, Kinder! seht ihr den Mann dort mit dem braunen Rock? Das ist der, den seine Magd im vorigen Jahre verklagte.

So hämisch und lieblos waren alle Urteile, die Herr Orgon von seinen Nebenmenschen fällte. Von niemandem sprach er Gutes. Aller Menschen Fehler, die zum Teil längst vergessen waren, deckte er auf, und wo er keine finden konnte, da suchte er doch wenigstens die Leute verdächtig zu machen.

Die Kinder, die dieses alles begierig anhörten, kamen nach und nach auf den Gedanken, daß alle Menschen Schurken und Narren wären, und daß es in der Welt, außer ihnen, ihrem Papa und ihrer Mama, keinen guten und vernünftigen Menschen gäbe; sie sahen das ganze Menschengeschlecht mit Verachtung an und gewöhnten sich an eine so alberne Miene, als wenn sie die ganze Welt übersehen könnten. Sie dachten nur immer an sich, ohne daß ihnen jemals der Gedanke angekommen wäre, zu anderer Menschen Glück etwas beizutragen.

2. Luischen kam einmal ganz wehmütig in die Stube und lief nach der Sparbüchse.

Nun, fragte der Vater, was soll das werden?

Ach! es ist eine gar zu arme Frau draußen. Sie sagte, sie hätte noch keinen Bissen Brot heute zu sich genommen und hätte die Gicht.

Hast du nicht gefragt, wie sie heißt?

Anna Barbe – es ist die Frau mit der Krücke, die ich dir schon einmal gezeigt habe.

So? Nun da kannst du dein Geld behalten. Das Mensch hat alles durchgebracht. Geh'! sag' ihr, wenn sie in der Jugend besser hausgehalten hätte, so brauchte sie jetzt nicht zu betteln.

Das kann ich wirklich nicht übers Herz bringen.

So will ich es tun. Mensch! schämt ihr euch nicht, andern Leuten zur Last zu fallen? Habt ihr nicht ein eigenes Haus, habt ihr nicht einen Garten gehabt? Nicht wahr, das habt ihr durch die Gurgel –

Um Gottes willen, lieber Herr!

Was da! was da! Packt euch fort, oder ich will euch etwas anderes zeigen.

So lieblos behandelte dieser Mann alle Armen. Wenn er ihnen auch bisweilen seines Wohlstandes wegen einen Pfennig mitteilen mußte, so suchte er sich doch durch die hämische Beurteilung derselben für seinen Pfennig bezahlt zu machen. Bald sagte er, sie wären Faulenzer, Tagediebe, die nicht arbeiten wollten, müsse er doch auch arbeiten; bald versicherte er, sie hätten durch ihr voriges liederliches Leben sich in Armut gestürzt. Man müßte seine Sachen zurate halten (zusammenhalten), wenn man durch die Welt kommen wollte; er wüßte am besten, wie genau er sich sein Lebtag habe helfen müssen. Baten Verunglückte um seinen Beistand, die er weder der Faulheit noch der Verschwendung mit einigem Grunde beschuldigen konnte, so sagte er: Wer weiß, wo sie es verdient haben! Gott tut nichts ohne Ursache!

Durch dergleichen Reden wurde das wohltätige Luischen gegen die Not der Armen ganz unempfindlich gemacht, ja sie bekam nach und nach gegen dieselben einen wahren Abscheu. Wenn nach der Zeit die Armen wehmütig flehten, sich ihrer zu erbarmen, so ging sie unempfindlich vorbei und dachte: es ist an dem Lumpenvolke doch nichts angewendet, du kannst ja dein Geld besser brauchen.

Mittel, Kindern die Grausamkeit zu lehren

Bringe ihnen frühzeitig ein Vergnügen an den Schmerzen und Qualen unschuldiger Geschöpfe bei.

Nachbar Kilian war nach der einstimmigen Aussage des ganzen Dorfes ein rechter Barbar. Kein größeres Vergnügen kannte er, als seine Mitgeschöpfe zu peinigen. Während der Kirchenmusik schlief er gewöhnlich; wenn er aber das Winseln eines Leidenden hörte – dann lächelte er, dann labte er sich.

Nach Tisch war sein gewöhnlicher Zeitvertreib, daß er seinen Hund bei den Ohren in die Höhe zog und ihn heftig schüttelte; je jämmerlicher dieser winselte, desto mehr funkelten Kilians Augen; er biß die Zähne zusammen und schüttelte so lange, bis er außer Atem war. Wenn er nur eine Stunde weit ritt, so mußte das Pferd Schaum haben, und bei seinem Herabsteigen besah er allemal die blutigen Spornen. Auf seinen Wagen lud er stets noch einmal so viel als andere Bauern, und kaum stellten sich die Pferde an, als wenn sie stille stehen wollten, so sprang er herbei, schlug mit einem armdicken Prügel auf sie so wütend los, daß alle Anwesenden vor Jammer ihr Gesicht abwenden mußten. Daher hatten seine Pferde immer rohe Flecke, so groß wie eine Teeschale. Von diesen verwendete er kein Auge, wenn er neben den Pferden herging, so daß es schien, als wenn dieser betrübte Anblick seine Augenweide wäre.

Auch seine Frau war von Schlägen und Schrecken krank und gebrechlich geworden. Strafte er seine Kinder, und dies geschah sehr oft, so band er ihnen die Hände, hing sie in die Höhe und prügelte sie mit einem geflochtenen Stricke so unmenschlich, daß ihnen oft der Schaum vor den Mund trat.

Eine Magd, die er auf seiner Wiese grasend antraf, mißhandelte er so, daß sie wirklich halbtot liegen blieb und nur mit vieler Mühe beim Leben erhalten werden konnte.

Da er merkte, daß ihm etwas Obst entwendet worden war, legte er Selbstschüsse und ärgerte sich alle Morgen, wenn er sah, daß sich niemand erschossen hatte.

Seine gewöhnliche Drohung war: wart', ich will dich in Kochstücke zerhacken! Krieg ich dich nur einmal, wohin ich dich haben will, so will ich dir das Messer im Leibe umwenden.

Wenn seine Verwandten ihm vorstellten, daß es keinen guten Ausgang mit ihm nehmen würde, wenn er sein barbarisches Wesen nicht ablegte, so wies er sie allemal mit den Worten zurück: mag es doch hin! einmal sterbe ich doch. Ist's auf dem Bette oder am Galgen oder auf dem Rabensteine – das gilt mir gleichviel!

Ein so außerordentlicher Mann mußte wohl eine außerordentliche Erziehung gehabt haben. Denn obgleich bei der gewöhnlichen Erziehung viele seltsame Geschöpfe gebildet werden, so hört man doch selten von einem so sonderbaren Mann, wie Kilian war.

Nachdem ich mich lange umsonst bemüht hatte, von seiner Erziehung nähere Nachrichten einzuziehen, so traf ich endlich einen alten Schulkameraden von ihm an, den ich fragte, ob er denn gar nicht wüßte, woher es denn käme, daß Nachbar Kilian ein so schrecklicher Unmensch wäre?

Das läßt sich leicht erraten, antwortete er, wie will es denn anders kommen? An seinem Vater, Gott hab' ihn selig, war auch kein gutes Haar. Er tat auch nichts lieber, als die Leute turbieren (quälen). Zwei von seinen Söhnen konnten es nicht bei ihm ausstehen und sind aufs Wasser gegangen.

Nun, da läßt es sich leicht begreifen, woher Kilians Grausamkeit kommt.

Aber könnt ihr, fragte ich, euch nicht mehr besinnen, was der Vater mit ihm vorgenommen hat, da er noch klein war?

Ich denke, ja. Ich bin ja immer in dem Hause ein- und ausgegangen, wir waren Nachbarskinder. Das weiß ich wohl noch, daß Kilianchen das Nesthöckchen war, und daß sein Vater alles zusammenschleppte, womit er ihm eine Freude machen konnte.

Und was war das?

Er störte alle Vogelnester aus und brachte die Jungen dem Kilian. Der nahm sie und rupfte sie, schnitt ihnen die Flügel und Beine ab und wollte sich totlachen, wenn sie im Blute sich wälzten und piepten. Alle jungen Hunde schleppte er ihm zu und ließ sie von ihm martern; es hat mich selbst gedauert, das arme Vieh! Er ließ keine Taube abschneiden, er verdrehte ihr erst die Flügel und gab sie Kilian zum Spielen. Und wenn er eine Henne abschnitt, so ließ er sie allemal mit der durchschnittenen Kehle wieder laufen, setzte sich mit seinem Jungen dabei und wollte sich totlachen über die Purzelbäume, die das arme Tier machte.

So! so! Wenn Kilian so erzogen wurde, so ist es kein Wunder, wenn er ein solcher Tyrann geworden ist. Wer erst so ausgeartet ist, daß er sein Vergnügen an der Angst und an dem Piepsen eines jungen Vogels und an dem Winseln eines jungen Hundes findet, wird sicher, wenn er größer wird, ein Peiniger von Menschen und Vieh.

Mittel, die Kinder rachgierig machen

I.

Wenn sie unwillig sind, so gib ihnen allemal etwas, woran sie ihren Unwillen auslassen können.

Wenn der kleine Gustav fiel oder sich stieß, so fing er allemal ein solches Zetergeschrei an, daß das ganze Haus dadurch alarmiert wurde. Seine Eltern sprangen bei, waren ängstlich und suchten ihn zu besänftigen und zwar auf folgende Art. Sie fragten ihn, worauf er gefallen sei? woran er sich gestoßen habe? Dann holten sie eine Peitsche oder eine Rute herbei, schlugen damit auf die Sache, die, wie er glaubte, ihn beleidigt hatte. Du garstiger Stein, denkst das Gustävchen umzuwerfen! ich will dich lehren artig sein! Du infamer Stuhl! hast du mir nicht einmal das arme Kind vor den Kopf gestoßen? Ich will dich prügeln, daß du daran denken sollst! So sagten sie, gaben alsdann die Peitsche Gustav in die Hand, daß er auch dreinhauen mußte: und so wurde er besänftigt.

Niemals stellte er sich unbändiger an, als wenn ihm die Mutter das Gesicht waschen wollte. Anstatt nun, daß sie seinen Willen hätte brechen und ihm zeigen sollen, wie er selbst durch seinen Leichtsinn sein Gesicht beschmutzt habe, so schob sie die Schuld allemal auf den armen Phylax. Da ist, sagte sie, der infame Hund einmal wieder da gewesen und hat dein Gesicht verunreinigt. Aber wart'! wir wollen es ihm schon anstreichen! Da schielte Gustav immer nach dem Hunde hin. Und kaum war das Handtuch vom Gesichte weg, so ging das Prügeln an, auf den armen Hund los.

So wurde er nach und nach gewöhnt, so oft ihm etwas Widriges begegnete, über das Nächste, was da war, herzufallen und seinen Unwillen auszulassen.

Da nun die Magd am gewöhnlichsten um ihn war, so mußte diese gewöhnlich seine Zorn empfinden. Er schlug nach ihr, kratzte und biß sie. Seine Mutter sah es oft und fand hierin nichts Unschickliches.

Als er einmal die Magd ins Gesicht kratzte und diese dadurch so aufgebracht wurde, daß sie ihn auf die Hände schlug, so entstand darüber ein gewaltiger Lärm. Die Eltern schimpften und schmähten. Was müßt ihr euch wohl einbilden, sagten sie, daß ihr euch an unserm Kinde vergreift? Ihr seht ja, daß es ein kleines Kind ist. Es wird das dicke Bauernfell nicht gleich zerrissen haben.

Und sogleich mußte die Magd das Haus räumen.

So wurde der Gustav gebildet, der, da er größer wurde, einigemal seine alten Eltern geschlagen und sie mit den abscheulichsten Reden gepeinigt hat; der auf jedermann wütend losging, der ihn beleidigt hatte, und der, wenn er an Menschen sich nicht rächen konnte, die Stühle zertrat und die Krüge auf die Erde warf.

II.

Wenn dein Kind von jemand ist beleidigt worden, so stelle ihm die Beleidigung recht groß vor, und laß sie nicht auf ihm sitzen.

Melchior lief einmal nach der Schule auf den Spielplatz und trieb da allerhand Mutwillen. Unter andern belustigte er sich damit, daß er seine Kameraden mit Erdklumpen und Steinen warf und sie dadurch reizte, auch nach ihm zu werfen.

Der Spaß ging ein paar Minuten ganz gut. Sie trafen einander nicht, und wenn auch einer bisweilen getroffen wurde, so ging es doch ohne Schaden ab.

Einmal aber warf der kleine Johann so unglücklich, daß er Melchior vor die Stirn traf und ihm ein Loch schlug. Da entstand ein allgemeines Klagegeschrei. Das Unglück! das Unglück! Melchior hat ein Loch im Kopfe.

Johann besonders war untröstlich. Er umarmte den blutigen Melchior, küßte ihn. Ach du armer Schelm, sagte er; ich habe es nicht gern getan. Ich dachte nicht, daß ich dich treffen würde. Du hast mich auch vor das Knie geworfen. Komm mit an das Wasser, ich will dich waschen. Sag' es nur deinem Vater nicht! hör', Melchior! sag' es um Gotteswillen deinem Vater nicht, daß ich keine Schläge kriege. Willst du? versprich es mir.

Melchior war gerührt. Er sah ein, daß er an seinem Unglücke selbst schuld sei, weil er das unbesonnene Spiel angefangen habe. Ihn dauerte auch der arme Johann, der so sichtbare Beweise seiner

Reue von sich gab. Er beteuerte also, daß er den ganzen Vorgang seinem Vater verschweigen wollte.

Unterdessen ließ sich der Vorfall nicht wohl verschweigen. Das Loch war doch da, und Melchior konnte es nicht verbergen. Eine Stunde ging er wohl seinem Vater aus den Augen; da er aber zu Tisch gerufen wurde, mußte er erscheinen, und da fiel denn das Loch dem Vater gleich in die Augen.

Nun! was gibt es denn da? Ich glaube, du hast gar ein Loch im Kopfe? Behüt' uns Gott! über dem Auge? Was hast du einmal vorgehabt?

Ich bin gefallen.

Gefallen? Was wolltest du gefallen sein! Wer weiß, was du vorgehabt hast. Wo bist du gewesen?

Auf dem Spielplatz hinter der Kirche.

Und was waren da für Jungen?

Christian, Gottfried und Jakob.

Sonst keine?

Und – und Johann.

Nun da will ich doch einmal die Jungen fragen, was es gegeben hat. Und wenn ich erfahre, daß du mich belogen hast, da soll es dir gewiß nicht so hingehen. Jetzt gleich ziehe ich mich an und gehe fort.

Ich will es nur sagen – es hat mich einer geworfen.

Wer? wer hat dich geworfen?

Ich denke Johann.

Das ist ja ein abscheulicher Range! So ein Flegel! So zu werfen! Frau, da sieh nur das Unglück! Da hat der Range, der Johann, unsern Melchior geworfen! Sieh nur einmal das Loch! Wenn es einen Finger breit tiefer gekommen wäre, das Auge hätte er ihm aus dem Kopf werfen können. Da hätten wir nun das Unglück, da müßten wir einen Krüppel ernähren. Tot, mausetot hätte er ihn werfen können. Aber wart', wart'! ich will dir schon etwas einschenken! – Und nun nahm er den Melchior und lief mit ihm nach Johanns Hause zu.

Doch gar geschwind lief er nicht. Denn allen, die ihm begegneten, zeigte er Melchiors verwundete Stirn und schrie über die Bosheit Johanns, des verruchten Buben. Da versammelte sich nun ein Trupp Weiber, Männer und Kinder, die alle um Melchior herumtraten, das Loch sehen wollten, in die Hände schlugen und versicherten, daß der Vater die Sache nicht könne stecken lassen. Und so ging der Zug nach Johanns Hause zu.

Melchior wurde unter der Zeit ganz verändert. Er fing nun an einzusehen, daß Johann der abscheulichste Junge sein müsse, und freute sich recht darauf, daß ein solcher Bube, der ihm das Auge hätte auswerfen, oder gar ihn tot machen wollen, recht tüchtig gestraft würde.

Da standen sie nun vor Johanns Hause. Melchiors Vater schlug vor die Tür, daß sie hätte zerspringen mögen. Johanns Vater sah durch das Fenster, und da er den Schwarm Menschen und den Tumult vor seinem Hause sähe, kam er vor Schrecken halbtot und öffnete die Tür.

Aber noch mehr entsetzte er sich, als ihm Melchiors Vater die pöbelhaftesten Grobheiten entgegen rief, ihn einen nichtswürdigen Mann, seine Familie eine Bestienbrut nannte und vom Verklagen und Zuchthause redete.

Johanns Vater mußte notwendig bei einem solchen Betragen die Fassung verlieren. Er redete seinem Sohne das Wort, schimpfte wieder, warf endlich Melchior nebst seinem Vater zum Hause hinaus und schlug die Tür zu.

Den andern Tag untersuchte er die Sache und strafte Johann gebührend ab.

Aber Melchiors Vater hatte es nicht gesehen. Er redete also alle Tage über das Unglück, das Johann hätte anrichten können, und schwur, sich an ihm zu rächen.

Er hielt es auch. Denn als er einmal Johann auf der Straße antraf, prügelte er ihn mit seinem spanischen Rohre so durch, daß er es lange Zeit nicht verwinden konnte.

Und so betrug sich Melchiors Vater immer. Wenn sein Junge einmal von einem andern war geschimpft oder geschlagen worden, so fing er allemal einen entsetzlichen Lärm an. Er schimpfte auf die Jungen, die ihn beleidigt hatten, und auf ihre Eltern, rückte ihnen vor die Tür und zankte sich mit ihnen.

War Melchior in der Schule gestraft worden, so rückte er den Schulkollegen (Lehrern) ins Haus und sagte ihnen die größten Grobheiten. Zuchtmeister möchten sie wohl sein, aber keine Schuldiener; sie wüßten nicht, wieviel es koste, ein Kind groß zu ziehen! – Das waren die gewöhnlichen Komplimente, die sie bekamen.

Melchior wurde bei dieser Art der Erziehung das, was er notwendig werden mußte: ein rachgieriger Junge. Wenn ihn jemand beleidigt hatte, so wurde er hitzig, daß er alles Bewußtsein verlor. Er bedachte nicht, daß er die Beleidigung oft selbst veranlaßt habe, daß es damit so böse nicht gemeint wäre, als er glaubte. Das Ding lasse ich nicht stecken, das soll dir teuer zu stehen kommen! – das waren die gewöhnlichen Drohungen, die er ausstieß, so oft ihm jemand eine Beleidigung zufügte.

In der Tat kann man ihm nicht Schuld geben, daß er jemals etwas habe stecken lassen. Als Knabe, als Jüngling, als Mann hat er alles durchgefochten. Entweder hat er sich mit seiner Zunge oder mit seiner Hand gerächt, oder er hat seine Gegner auf das Rathaus geschleppt und da die Sache mit ihnen ausgemacht.

Jetzt muß er aber doch manches stecken lassen. Sein Vermögen, das ihm sein Vater übrig ließ und das noch durch die Beerbung eines reichen Vetters um ein Ansehnliches vermehrt wurde, ist für Strafgelder und Prozeßkosten aufgegangen. Das Haus ist sogar verkauft, und er muß sehr kümmerlich von den Guttaten leben, die ihm seine Anverwandten gewähren. Da muß er nun freilich oft den beißendsten Spott und die bittersten Vorwürfe hören, ohne daß er weiter etwas tun kann, als die Zähne zusammenbeißen und mit der Faust drohen.

Mittel, Kindern Schadenfreude beizubringen

Bringe sie nur erst so weit, daß sie sich über anderer Glück ärgern, so werden sie sich gewiß auch bald über ihr Unglück freuen.

Dies ist ganz natürlich, denn wenn jemandem das Glück anderer ärgerlich ist, so wird er notwendig auch wünschen, daß sie unglücklich werden möchten. Und welche Freude, wenn sein Wunsch erfüllt wird!

Wenigstens sah man dies an dem neidischen Fikchen. Das war noch ihre einzige Freude, die sie in ihrem betrübten Leben bisweilen aufheiterte, daß doch hier und da noch Leute teils durch ihre eigene Schuld, teils durch Unglücksfälle in betrübte Umstände gerieten.

Als ihre Muhme, die Hofrätin, von deren Hochzeit ihre Mutter beinahe den Tod hatte, Witwe wurde, so heiterte sich ihr ganzes Gesicht auf. Ist's möglich? sagte sie zu der Frau, die ihr davon die erste Nachricht gab, ist's möglich? Da hast du es, Frau Hofrätin! Ich gönne niemandem etwas Böses, aber – der Frau geschieht schon recht. Das war ja nicht zum Ausstehen, was die Frau groß tat. Ich denke aber, nun wird es sich schon legen – die gute Einnahme fällt nun weg – an Staat und gute Bissen ist sie gewöhnt – ich will gar nicht hinsehen, was da herauskommen wird. Auf dem Misthaufen kann sie noch sterben, die große Hofrätin, die.

Und bei diesen Gedanken klopfte ihr Herz so freudig, wie das Herz einer Braut, wenn sie den Bräutigam umarmt. So wenig sie auch sonst von Gesellschaft hielt, so ließ sie doch die Frau, die ihr diese freudige Botschaft gebracht hatte, diesmal nicht von sich. Sie mußte zu Tische bleiben und den ganzen Abend bei ihr zubringen. Das war ein herrlicher Abend! Da mußten die meisten Häuser die Musterung passieren. Da wurden Neuigkeiten erzählt, die anderen Leuten ganz unbekannt waren. Von den meisten Häusern hieß es: mit diesen Leuten hat es nicht lange Bestand; ich will es wohl noch erleben, daß sie aus der Stadt gehen müssen. Denk' sie an mich, Frau Ursel!

Da davon geredet wurde, daß Jungfer Rebeckchen zu Falle gekommen wäre, kam Fiekchen den ganzen Tag nicht nach Hause. Sie durchzog die Straßen, teils um diese erfreuliche Begebenheit, wo möglich denselbigen Tag noch durch die ganze Stadt auszubreiten, teils um selbst davon eine recht umständliche Nachricht einzuziehen.

So gewiß ist es, daß man seinen Kindern erst den Neid lehren müsse, wenn sie einmal zur Freude über ihres Nebenmenschen Unglück aufgelegt sein sollen.

Mittel, Kindern Abneigung gegen Fremde Religionsverwandte einzuflößen

I.

Berede sie, Gott hasse alle diejenigen, die nicht ihres Glaubens sind.

Frau Elisabeth war der lutherischen Religion sehr eifrig zugetan und wünschte daher, daß dieser Religionseifer auch auf ihre Kinder forterben möchte. Sie glaubte diese Absicht nicht besser erreichen zu können, als wenn sie den lieben Gott immer als einen Eigensinnigen vorstellte, der unter allen Menschen niemand leiden könnte als die Lutheraner.

Wenn sie daher ihren Kindern Religionsunterricht erteilte, so fand sie es nicht für gut, nach dem Exempel Jesu, Gott als einen Vater aller Menschen ihnen bekannt zu machen, sondern suchte sie zu bereden, er sei nur ein Vater der Lutheraner und übergebe alle, die das lutherische Glaubensbekenntnis nicht annähmen, dem Teufel zur ewigen Qual.

Anfänglich bemerkte sie bei ihren Kindern zu ihrer großen Betrübnis viel Herzenshärtigkeit. Wilhelmine, ihre älteste Tochter, machte ihr einmal die Einwendung: sie kenne so viele gute Menschen unter den Reformierten, Katholiken, Juden, Mennoraten und Herrnhutern, die um sie herum wohnten, wie es denn also möglich sei, daß diese rechtschaffenen Leute, die doch nichts Böses getan hätten, von Gott könnten verdammt werden? Die Mutter wußte es ihr aber aus verschiedenen Sprüchen der Bibel zu beweisen, daß der lutherische Glaube allein der wahre sei, daß alle Menschen, wenn sie nur wollten, lutherisch werden könnten, und daß sie daher nicht Ursache hätten, sich zu beschweren, daß sie Gott deswegen verdamme, wenn sie von dieser Freiheit keinen Gebrauch machten.

Ihr Sohn Fritz war einmal gar so frech, ihr unter die Augen zu sagen, im 25. Kap. Matthäi stünde doch, Jesus werde am Tage des Weltgerichts nicht fragen, ob jemand lutherisch, reformiert, katholisch, jüdisch und dergl. gewesen sei, sondern ob er Liebe und Barmherzigkeit gegen seine Nebenmenschen bewiesen habe.

Für diese Naseweisheit bekam er auch eine recht derbe Maulschelle, die die Wirkung tat, daß er ihr mit dergleichen Einwendungen nicht mehr beschwerlich fiel.

Um ihr Gewissen noch besser zu verwahren, bemühte sie sich, einen Informator zu bekommen. Anfänglich wurde ihr ein sehr liebreicher, geschickter Mann vorgeschlagen, der schon zwei Jahre lang in einem Hause die Kinder auf das beste erzogen und in ihren Kenntnissen sehr weit gebracht hatte. Wirklich war sie schon geneigt, ihm ihre Kinder anzuvertrauen, als sie zu ihrem großen Glücke erfuhr, was an dem Zeisige wäre, daß er nämlich – die reformierte Kirche besuchte. Sie dankte dem lieben Gott recht herzlich in ihrem Abendgebete, daß er das große Unglück abgewendet, das über ihrer armen Kinder Häuptern geschwebt hätte.

Den folgenden Tag stellte sie sogleich den Herrn Markolphus ihren Kindern zum Erzieher und Lehrer vor. In seinen Sitten ist er zwar etwas roh, in seinem Anstande plump, verstehen tut er auch nicht viel – was schadet dies aber alles ? er ist doch echt lutherisch und ihr Gewissen ist doch wegen des Seelenheils ihrer Kinder beruhigt. Einige Neulinge haben sie zwar bereden wollen, das Seelenheil bestünde in einem guten Verstande und Rechtschaffenheit des Herzens; sie hat aber durch dergleichen Grübeleien sich nicht irre machen lassen und bleibt dabei, das Seelenheil bestehe eigentlich im lutherischen Glauben.

Sie hat die große Glaubensfreude, ihre Bemühungen gesegnet zu sehen. Ihre Kinder hassen alles, was nicht echt lutherisch ist; und da sich im vorigen Jahre die Reformierten bei dem Magistrate die Erlaubnis auszuwirken suchten, in einer lutherischen Kirche das Abendmahl halten zu dürfen, so war ihr Sohn derjenige, der es vorzüglich hintertrieb. Dafür segnete sie ihn auch auf dem Sterbebette und freute sich auf den seligen Augenblick, da sie alle ihre nicht lutherischen Nachbarn im Pfuhle erblicken würde, der mit Feuer und Schwefel brennt.

Mittel, die Kinder gegen die Schönheiten der Natur unempfindlich zu machen

I.

Verweise es ihnen, wenn sie die Natur beobachten wollen, und suche sie durch allerlei Versprechungen davon abzubringen.

Der kleine Matthias bekam in der Stadt von der schönen Natur weiter nichts zu sehen als ein Stückchen Himmel, so breit als seine Gasse; denn sein Vater, der ein Handwerksmann war, wohnte in einer engen Straße in einem kleinen Hause, an dem nicht einmal ein Gärtchen war. Wenn ihn dann der Vater einmal mit aufs Feld nahm, da war dies für ihn eine unaussprechliche Freude, weil ihm alles neu war. Da fand er bald eine Blume, bald einen Wurm, bald einen Vogel, die seine Aufmerksamkeit auf sich zogen. Da hüpfte er dann dem Vater nach und rief: Vater, Vater! sieh einmal da das allerliebste Blümchen! das artige Vögelchen! Aber der Vater antwortete allemal unwillig: Mit deinen Possen da! Hast du denn noch keine Blume, noch keinen Vogel gesehen?

Einmal fand er eine große Raupe, hob sie voll Erstaunen auf und brachte sie dem Vater. Sieh einmal, sagte er, das große Tier, das ich da gefunden habe! Aber der Vater sagte: Pfui, das garstige Ding da! Wirf es hin! tritt es tot! es könnte dich beschmutzen.

Da sich Matthias bei allem, was er sah, aufhielt und es bewunderte, so konnte es nicht anders kommen, als daß er oft zurückblieb und sein Vater warten mußte, bis er herbeikam.

Dies machte nun den Vater verdrießlich. Er verwies ihm diese Verzögerung und sagte oft: Geh doch fort, du heilloser Junge! Wenn du nicht geschwinder gehst – gib Achtung! so mußt du gewiß ein andermal zu Hause bleiben.

Da lief Matthias wieder ein Fleckchen; aber die Begierde, alles, was um ihn war, zu betrachten, war viel zu groß, als daß er sie sogleich hätte überwinden können. Kaum war der Vater wieder etliche Schritte gegangen, so sah er einen Frosch hüpfen oder hörte eine Heuschrecke zwitschern – da stand Matthias wieder still.

Der Vater bekam am Ende das Ding satt, nahm ihn bei der Hand, schleppte ihn mit sich fort; wenn er dessenungeachtet bald da-, bald dorthin sah, so fing er gewöhnlich folgende Erzählung an:

Geh' zu, Matthias! geh zu! Wenn du brav darauf losschreitest, so kommen wir bald nach dem Dorfe dort. Da soll es dir wohl besser gefallen, als auf dem leeren Felde da. Da will ich lassen einen Kaffee machen und Milch und Eier hinein schlagen, daß die Milch kaum fließt.

Und da krieg' ich auch was?

Das versteht sich! Da kriegst du zwei Schalen. Geh nur zu, immer zu, lauf! Da lasse ich ein paar Bratwürste braten und lasse Bier herbeibringen, da soll es dir eine rechte Lust werden. Durch diesen Kunstgriff gelang es ihm endlich, die heftige Begierde des Matthias, die schöne Natur zu bewundern und aus derselben den guten, weisen und mächtigen Schöpfer zu erkennen, gänzlich zu ersticken. In der Folge schritt er brav darauf los, dachte an den Kaffee und ließ Natur Natur sein, zum großen Vergnügen des Vaters.

Jetzt ist er ein Mann, und die Spuren der Erziehung, die er genossen hat, sind noch immer an ihm sichtbar. Er läuft auf seinen Spaziergängen durch Wiesen, Wälder und Saatfelder, ohne da etwas Merkwürdiges zu sehen. Vor ihm fliegt die Lerche auf, bei seinem Eintritte in den Wald begrüßt ihn die Nachtigall – er bemerkt es nicht: denn seine Gedanken sind schon in dem Bierkruge.

Wenn man ihn bei seiner Zurückkunft fragt, was er unterwegs gesehen habe, so weiß er nichts zu sagen, als: es war heute sehr warm; es war ein Mordweg; das Bier war vortrefflich. Es müßte denn sein, daß er Karten gespielt hätte, – dann kann er stundenlang erzählen.

Ein einziges Mal hatte doch die Natur so viel Gewalt über ihn gehabt, daß sie seine Aufmerksamkeit auf sich zog. Der Vollmond ging auf. Da rief er seinem Kameraden zu: Alle Hader! der schöne Mond! Wie er da hängt! wie eine Kuchschüssel!

Mittel, wie man Kindern lehren kann, Gespenster zu sehen

Erzähle deinen Kindern recht viel von Gespenstern. Wenn Meister Martin Feierabend gemacht hatte, so versammelten sich seine Kinder um ihn und baten, daß er ihnen etwas erzählen möchte. Da stopfte er sich dann sein Pfeifchen, setzte sich an den Ofen, seine Kinder drängten sich um ihn, dann fing er an zu erzählen, fast von nichts, als von – Gespenstern; teils weil er nichts anderes wußte, teils weil er bemerkte, daß seine Kinder nichts lieber hörten!

Er wußte ihnen vierundzwanzig Orte in seiner eigenen Gegend zu nennen, wo es nicht geheuer war. An dem einen sollte ein Kloster gestanden haben, wo sich noch bis jetzt, im Advent und in den Fasten, eine Nonne sehen ließe.

Im Riede, unweit der großen Pappel, die gleich unter der Mühle steht, sollte sich ein Mann ertränkt haben, der noch immer umgehe. Kurios wäre es auch, daß allemal punkt elf auf dem Gottesacker sich ein schwarzer Hund mit feurigen Augen, so groß wie ein Kochlöffel, zeigte, und Glocke zwölf wieder auf dem Grabe eines alten schwedischen Hauptmanns verschwände. Bei dem Klosterturm in der Vorstadt wäre ihm einmal etwas auf den Rücken geplumpt wie ein Mehlsack, das habe er bis vor seine Haustür tragen müssen. In seinem Leben wolle er des Nachts vor diesem Tore nicht wieder vorbeigehen. Unter dem großen Stein, am Markte rechter Hand, wenn man nach der Schule zu geht, sollte ein großer Schatz liegen, der mit einem schwarzen Bocke versetzt wäre. Seine Großmutter habe von ihm erzählt, daß sie von ihrer Großmutter gehört hätte, daß sich einmal ein paar Wagehälse daran gewagt hätten, hätten auch wirklich das Geld schon funkeln sehen; weil aber der eine gerufen hätte: da ist der Schatz! so wäre er gleich wieder versunken. In dem alten Schlosse oben auf dem Berg solle ein verwünschtes Fräulein wohnen, das sich alle hundert Jahre in der Gestalt einer Eidechse sehen ließe und nicht eher könne erlöst werden, bis ihr ein reiner Junggeselle den Kopf abhiebe u.s.w.

Wenn er auf den Kyffhäuser Berg, auf den Brocken, auf Rübezahl oder Doktor Faust zu reden kam, so war er unerschöpflich.

Die alte Marie, die er bei sich hatte, war freilich eine Magd, mit der nicht viel anzufangen war; weil sie aber den Kindern so hübsch zu erzählen wußte und er selbst von ihr noch manches Gespensterhistörchen, das ihm noch unbekannt war, lernen konnte, so behielt er sie doch.

Durch diese Art des Unterrichts brachte Meister Martin seine Kinder in kurzer Zeit sehr weit. Sie behielten alles wohl und bekamen den Kopf so voll Gespenster, daß, wenn die Nacht einbrach, sie Erscheinungen erwarteten. Hierdurch wurden sie oft so vorsichtig gemacht, daß sie in der Dunkelheit sich nicht trauten einen Schritt vor die Tür zu tun. Gingen sie zu Bette, so mußte Marie bei ihnen sitzen bleiben, bis sie eingeschlafen waren.

Mußten sie, da sie größer wurden, in der Dunkelheit durch das Feld gehen, so sahen sie jeden Baum für einen schwarzen Mann, jede Sternschnuppe für einen fliegenden Drachen und jeden Hamster, der ihnen begegnete, für ein Ding an, mit dem der Böse sein Spiel habe.

Peter, der älteste Sohn, brachte es in der Kunst, Geister zu sehen, vorzüglich weit. Schon in seinem achtzehnten Jahre wußte er von siebenundsiebenzig Gespenstern zu erzählen, die er mit seinen eigenen Augen gesehen hatte. Sein Vater meinte, es käme dies daher, weil er ein Sonntagskind wäre, und glaubte, daß dem Burschen noch ein großes Glück bevorstände.

Wer weiß auch, was nicht noch mit der Zeit geschieht. Er ist freilich schon durch mutwillige Leute in großen Schaden gekommen! – Er ging, zum Beispiel, einmal des Abends von einer Dorfkirmes nach Hause, sah auf dem Wege eine Pfanne voll glühender Kohlen stehen, hörte aus einem Busch kläglich rufen: Erlöse mich, erlöse mich! Und in der gewissen Meinung, daß die Kohlen ein Schatz wären, warf er seine Pudelmütze darauf, die sogleich lichterloh brannte, weil ein loser Vogel aus der Gesellschaft, in der er gewesen war, wirkliche Kohlen hingesetzt hatte. Seine Magd nimmt auch allerhand Spukereien vor und bestiehlt seine Speisekammer. Bei alledem kann man nicht wissen, was sich zwischen hier und Michaelis zuträgt.

Er weiß ja von sicherer Hand, daß in einem gewissen Kreuzwege ein großer Schatz steht, der dem zufallen soll, der ein pechschwarzes Kaninchen, das aber, wohl zu merken, in der Walpurgisnacht ist gestohlen worden, unter gewissen Zeremonien, hinter die er nun auch gekommen ist, mit einem dreikreuzigen Messer auf diesem Kreuzwege abschlachtet. Er hat auch wirklich bei einem Mitmeister schwarze Kaninchen gesehen und ist fest entschlossen, in nächster Walpurgisnacht eins zu stehlen. Da wird man nun sehen, wie das Ding ablaufen wird.

Mittel, Kindern Furcht vor Gewittern beizubringen

Stelle dich selbst, sobald ein Gewitter aufsteigt, fein ängstlich an, so werden sich deine Kinder bald nach dir bilden!

Herr Siegfried hatte die besondere Gewohnheit an sich, daß er seine Kinder auf alle merkwürdigen Begebenheiten in der Natur aufmerksam machte und sie dabei immer an die Güte und Weisheit Gottes erinnerte. Dies ging so weit, daß er sogar mit ihnen in das freie Feld ging, so oft ein Gewitter aufstieg und demselben so lange zusah, bis ihn der Regen nötigte, in sein Haus zurückzukehren.

Gemeiniglich pflegte er folgendermaßen zu seinen Kindern zu reden: Seht, Kinder, wie lieb uns Gott hat! Heute war der Tag so heiß, so schwül, daß, wenn diese Hitze noch einige Zeit gedauert hätte, unsere Gewächse verdorrt und wir selbst zu alter Arbeit untüchtig geworden wären. Da hat aber der liebe Gott die Einrichtung gemacht, daß auf große Hitze ein Gewitter erfolgen muß. Dies kühlt die Luft ab – fühlt ihr es nicht, wie kühl sie schon wird? Bald wird ein fruchtbarer Regen folgen, der alle unsere schmachtenden Gewächse erquickt. –

Dadurch wurden die Kinder bald so weit gebracht, daß sie kein Gewitter mehr fürchteten. Wenn ein Wetterstrahl durch die Luft fuhr, so riefen sie: Sieh' einmal, Vater, das war ein prächtiger Blitz! Geschähe ein Donnerschlag, so sagten sie: der Schlag läßt sich hören! Und, wenn es gar zu regnen anfing, so sangen sie gewöhnlich:

> Du tränkst das Land,
> Führst uns auf grüne Weiden,
> Und Tag und Nacht
> Und Korn und Wein und Freuden
> Empfangen wir aus deiner Hand.

Was wohl aus diesen Kindern würde geworden sein, wenn sie auf diesem Fuß wären groß gezogen worden! Alle Nachbarn ärgerten sich daran, murmelten darüber und sagten einander in das Ohr: Herr Siegfried sei ein Naturalist, der alle Gottesfurcht aus den Herzen seiner Kinder vertreibe.

Zum großen Glück für sie starb Herr Siegfried bald, und sein Bruder rettete wenigstens den ältesten Sohn Adolf.

Er nahm ihn zu sich und ließ es sich sehr angelegen sein, alles, was der Vater bei ihm, wie er zu sagen pflegte, verdorben hatte, wieder gut zu machen. Von den mancherlei Mitteln, die er anwandte, um zu seinem Zwecke zu kommen, will ich jetzt nichts anführen als sein Verhalten bei Gewittern.

So oft sich eins in der Ferne zeigte, rang und wand er die Hände und sagte: Gott, erbarme dich unser! Herr, sei uns gnädig! erzählte dabei, wie viele Dörfer schon durch den Wetterstrahl wären angezündet und wie manche Menschen davon wären getötet worden. Anfänglich wollte Adolf allerlei Einwendungen dagegen machen, er wurde aber sehr bald zum Schweigen gebracht. Ließ sich nun der Donner hören, so stimmte Adolfs Vetter nebst seiner Familie ein gewöhnliches Bußlied an. Sobald aber ein starker Donnerschlag geschah, so ertönte ein Lied im höheren Chor. Gewöhnlich war es das Lied:

> Straf mich nicht in deinem Zorn;
> Großer Gott, verschone
> Ach, laß mich nicht sein verlorn,
> Nach Verdienst nicht lohne
> Hat die Sund'
> Dich entzünd't,
> Lösch' ab in dem Lamme
> Deines Grimmes Flamme

Diese Behandlung tat nun bei Adolf sehr gute Wirkung. Wenn die Worte kamen: »Lösch ab in dem Lamme deines Grimmes Flamme«, so zitterten ihm alle Glieder, weil er an solche Ausdrücke gar nicht gewöhnt war und Gott immer als einen Gott der Liebe hatte kennen lernen.

In kurzem kam es mit ihm so weit, daß er nicht mehr in den Blitz sehen konnte und Todesangst ausstand, sobald ein Gewitter sich näherte. Darüber freute sich sein Herr Vetter gar höchlich und erzählte es gegen jedermann, daß er den kleinen Adolf zur Gottesfurcht angeführt hätte.

Mittel, den Kindern die Religion verhaßt zu machen.

I.

Mache ihnen Gott verhaßt, so werden sie auch die Religion hassen.

Horch, wie der liebe Gott schmält! sagte eine Mutter zu ihrem Kinde, so oft es donnerte. Gib Achtung, der liebe Gott straft! sagte sie, wenn es nicht gleich folgen wollte. Oft wenn es die unschuldigsten Ergötzlichkeiten sich erlaubte, drohte sie ihm mit der heißen Hölle, und wenn sie etwas erzählte, so war es gewöhnlich von der Hölle, in welche der liebe Gott die bösen Kinder würfe und ewig von dem Teufel martern ließe.

Fiekchen konnte nicht anders, als ihrer Mutter glauben. Sie stellte sich folglich den lieben Gott als einen bösen Mann vor, der sein Vergnügen darin fände, wenn er durch sein Poltern Menschen ängstigen könnte, der den armen Kindern keine Freude gönne, sondern gleich wütend zuschlüge, wenn sie ein bißchen herumsprängen und etwa ein Loch in die Schürze rissen, und so grausam wäre, daß er sie gleich dem Teufel übergäbe, wenn sie etwa eine Tasse zerbrächen oder ein Bierglas umstießen.

Notwendig mußte Fiekchen dem lieben Gott gram werden.

Anstatt daß sie bei Gewittern an das Fenster hätte treten und die Majestät ihres himmlischen Vaters bewundern, ihn anbeten und für den Segen preisen sollen, den er auf ihren Garten goß, so verkroch sie sich in einen Winkel und zitterte.

Sie betete zwar täglich ihren Morgen- und Abendsegen, aber niemals aus Liebe und Dankbarkeit, sondern aus Furcht, der liebe Gott möchte böse werden und sie strafen.

Notwendig mußte sie auch eine Abneigung gegen sein Wort bekommen.

Sie hörte, da sie groß war, immer predigen, daß Gottes Wort eine große Wohltat sei, hat es aber niemals glauben können.

II.

Bringe ihnen die Religion auf eine verhaßte Art bei, so werden sie bald gegen dieselbe Abneigung bekommen!

1. Kaspar wurde von seinem Vater angehalten, täglich ein großes Stück aus den Psalmen und dem Katechismus auswendig zu lernen. Stockte er, oder hatte er gar nicht gelernt, so setzte es tüchtige Schläge.

»Wirf dein Anliegen auf den Herrn, der wird dich versorgen und wird den Gerechten nicht ewig in Unruhe lassen.« Flegel! kannst du das nicht merken?

So sagte er einst zu ihm, als er diesen schönen Vers nicht gelernt hatte, und zauste ihn dazu bei den Haaren.

Kaspar mußte notwendig dem Buche gram werden, um dessenwillen er so viele Schläge bekommen hatte. Kaum war er aus der Schule, so warf er es weg und bekam niemals Lust, es wieder anzusehen.

2. Ein gewisser Vater meinte es wirklich mit der Religion gut und wünschte, daß sie bald bei seinen Kindern Wurzeln schlagen möchte. Allein er tat es auf eine so unbedachtsame Art, daß er, ohne seinen Willen, ihnen Abneigung gegen dieselbe beibrachte.

Schon vom vierten Jahre an mußten seine Kinder dem öffentlichen Gottesdienste beiwohnen und bei demselben vom Anfange bis zu Ende aushalten. Obgleich sie noch nicht lesen konnten, mußten sie doch Gesangbücher mitnehmen und den Gesang der Gemeinde mit anhören, und ob sie gleich von der Predigt noch gar nichts verstanden, wurden sie doch gezwungen, auf dieselbe zu merken.

Da nun Kinder eine freie Bewegung lieben und ungern an einem Orte stundenlang stille sitzen, so mußte ihnen notwendig der christliche Gottesdienst, bei welchem sie gar keine Unterhaltung fanden, die ihrem kindischen Verstande angemessen gewesen wäre, zuwider werden.

Diese Abneigung wurde noch größer, weil sie auch im Winter bei der strengsten Witterung in der Kirche aushalten mußten.

Du lieber Gott, schon wieder Sonntag! sagten sie, wenn sie durch die Glocken das Zeichen zum Gottesdienste geben hörten, und suchten oft mit Tränen die Kleider zusammen, die sie anziehen sollten.

Dieser Widerwille wurzelte bei ihnen so tief, daß sie ihn auch bei zunehmenden Jahren nicht ablegten. Sie ergriffen begierig jede Gelegenheit, die Kirche zu versäumen, und wenn sie dieselbe auch besuchten, so fruchtete doch Predigt und Gesang wenig bei ihnen, weil sie beides mit Unwillen hörten.

III.

Auch kannst du diese Absicht erreichen, wenn du ihnen diejenigen verhaßt und verächtlich machst, die sie die Religion lehren.

1. Nachbar Thomas hatte nebst vielen andern Fehlern auch den an sich, daß er immer von andern Leuten Übles redete. Vorzüglich ließ er anzügliche Reden fahren, wenn das Gespräch auf den Pfarrer oder Schulmeister kam.

Hatte der Pfarrer eine Predigt gehalten, die von der Gemeinde mit Beifall aufgenommen wurde, so sagte er: Das sind keine Künste; wenn ich auch, wie der Pfarrer, zwölf Malter Zehnten (Dezimation) einzunehmen hätte und könnte zu Hause hinter dem Kachelofen sitzen, so wollte ich es ebensogut machen. Sah er etwa einen Amtsbruder in das Pfarrhaus gehen, da hieß es: Ja, ja, das Pfaffengeniste, das tut nichts als schmausen und faulenzen, und unsereins muß den ganzen Tag arbeiten.

Rügte der Geistliche einen Fehler, den Nachbar Thomas an sich hatte, so glaubte er, der Pfarrer habe auf ihn gestichelt, und dann ging es bei Tische über den guten Mann unbarmherzig her. Wenn doch der Pfaffe, sagte er gewöhnlich, sich nur um sich bekümmerte und lernte, wieviel Psalmen wären. (Der Geistliche hatte sich nämlich einmal versprochen und, statt des siebzigsten, den hundert und siebzigsten Psalm genannt.) Was will so ein Kerl reden! Und nun wurde alles, sein Gang, seine Perücke, seine Haushaltung und sein Ackerbau lächerlich gemacht.

Dem Schulmeister ging es eben nicht besser. Da, Junge! da ist das Holzgeld für den Schulmeister. Trag' es dem Hungerleider hin, ehe er dich mahnt. Gehe hin und sage dem Schulmeister, er soll diesen Abend zum Schlachtessen kommen, daß er auch einmal weiß, wie es deuchtet, wenn man sich satt essen kann.

So schlecht sprach der Mann von Kirchen- und Schuldienern.

Nun hatte der junge Thomas auf der ganzen Welt niemand, von dem er die Religion hätte lernen können als den Pfarrer und den Schulmeister, die ihm der Vater so verächtlich gemacht hatte; kein Wunder, wenn er die guten Lehren, die sie vortrugen, wie ihre Ermahnung und Verweise verachtete.

Hm, dachte er bei sich selbst, wenn er im Pfarr- oder Schulhause eine gute Lehre bekam, was will der Pfaffe, was will der Hungerleider mich lehren können!

2. Nicht besser machte es Meister Simson. Dieser schickte sein Söhnchen in eine Schule, an welcher drei Lehrer arbeiteten, die alle drei ihre Fehler hatten; denn sie waren Menschen. Der eine war etwas jähzornig und hatte daher oft mit seinen Nachbarn allerhand Streitigkeiten. Der andere liebte den Putz, und da sein Einkommen sehr gering war, so ging es fast für Kleidung auf. Wenn nun Fleisch, Bier oder andere notwendige Dinge zu kaufen waren, so fehlte es oft an Geld; er mußte hier und da borgen und wurde von seinen Gläubigern bisweilen ziemlich unhöflich gemahnt. Der dritte war lustig und erlaubte sich in Gesellschaften, wo es ihm gefiel, gern ein Gläschen Wein mehr zu trinken, als ihm zuträglich war, und plauderte dann oft Dinge, die freilich einem Manne, der seiner Schüler Vorbild sein soll, nicht gar wohl anstanden.

Wenn nun einer von diesen Leuten einmal ein Böckchen geschossen hatte, so merkte es Meister Simson sehr genau und redete davon oft in Gegenwart des jungen Simsönchens.

Ja, das sind Schulkollegen, daß Gott erbarm'! Der eine zankt sich alle Tage, der andere ist ein Bankerotteur, der dritte ein Vollzapfen. Wenn die Schuldiener sich so aufführen, was sollen denn die Kinder tun!

Dergleichen Reden waren bei ihm sehr gewöhnlich.

Niemals sprach er aber schlechter von ihnen, als wenn sie Simsönchen einen Verweis oder eine Züchtigung gegeben hatten.

Was will der Narr haben? sagte er alsdann. Er kann ja sich nur um sich bekümmern. Er kann ja nur erst vor seiner Tür kehren.

Simsönchen, der eben sonst nicht den besten Kopf hatte, merkte doch dieses sehr gut. Wenn ihm hernach einer von diesen Männern den Katechismus erklärte und zeigte, was ein Christ tun und lassen müsse, so lachte er in seinem Herzen und dachte: der Narr kann sich ja nur um sich bekümmern, er kann ja nur erst vor seiner Tür kehren.

Da Simson aus der Schule kam, wurde er ein sehr wilder Knabe, der weder auf die Vorstellungen des Vaters, noch des Pfarrers etwas gab. Er fing so viele Händel an, daß er nach und nach sein ganzes Vermögen auf dem Rathause zahlen und am Ende die größte Not leiden mußte, wie noch jedermann weiß, der ihn gekannt hat.

Wer hat nun wohl das arme Simsönchen ins Unglück gestürzt?

Mittel, Kindern das Lügen zu lehren

I.

Halte sie fein frühzeitig zum Lügen an. Hierin hatte Meister Stephan eine ganz vorzügliche Geschicklichkeit. Er ließ fast keinen Tag vorübergehen, ohne den kleinen Stephan angehalten zu haben, wenigstens *eine* Lüge zu sagen.

Merkte er, daß jemand ihn besuchen würde, der ihm nicht gelegen war, so stellte er den kleinen Stephan in die Tür und sagte: Du! wenn der oder der kommt und fragt, ob dein Vater zu Hause wäre, so sprich: Vater ist nicht zu Hause, Vater ist über Feld gegangen.

Kam etwa eine arme Frau oder ein armes Kind, die etwas Brot verlangten, so sagte Meister Stephan zu seinem Söhnchen: Geh' hin! sprich, wir hätten heute selbst kein Brot, wir säuerten diesen Abend erst.

Das Söhnchen ging nicht gern in die Schule und versäumte sie daher oft unter allerlei nichtigem Vorwande. Kam nun der andere Tag, so fürchtete es sich noch mehr, die Schule zu besuchen. Ich gehe nicht in die Schule, hieß es, ach! ich gehe nicht in die Schule, ich kriege Schläge, weil ich gestern nicht darin gewesen bin. Aber Meister Stephan wußte bald Rat zu schaffen. Närrchen! sagte er, du kannst ja nur sprechen, du hättest gestern eine Purganz eingenommen, oder hättest für mich ein paar Wege gehen müssen. Die Schuldiener müssen es ja wohl glauben.

Die Frau Stephan war etwas genau und wendete einen Pfennig zehnmal um, ehe sie ihn ausgab. Wenn nun das Söhnchen sie bat: Mutter, gib mir einen Pfennig, ich will mir eine Semmel kaufen; oder wenn es sie um einen Dreier zu Kirschen oder Erdbeeren ansprach, so bekam es die Abfertigung: Papperlapapp! Ob so ein Junge, wie du bist, von allen Leckereien hat oder nicht. Demohngeachtet aß aber doch Stephan alle Tage Kirschen oder Erdbeeren, oder was sonst die Jahreszeit mit sich brachte. Sein Vater steckte ihm einen Dreier nach dem andern zu, gab ihm aber dann die väterliche wohlmeinende Erinnerung: Da hast du einen Dreier! Geh' hin, kaufe dir etwas! Laß es aber deine Mutter nicht sehen! Und wenn sie es sieht, so sprich: dein Pate hätte dir das Geld gegeben.

Der junge Stephan machte in kurzer Zeit im Lügen einen ungemeinen Fortschritt. Er war imstande, ganze Geschichten, von denen kein Wort wahr war, zu erzählen, ohne rot zu werden. Da lachte nun der Alte, daß ihm der Bauch schütterte, und sagte: Das ist ein durchtriebener Vogel, der hat den Kopf auf dem rechten Flecke.

Aber freilich machte er, als er größer wurde, auch manches Stückchen, das seinem Vater nicht gefiel.

Des Sonntags früh ging er gewöhnlich in ein Branntweinhaus und sagte bei seiner Zurückkunft, er wäre in der Kirche gewesen. Fragte ihn sein Vater, was er aus der Predigt gemerkt hätte, so wußte er ihm so vieles zu erzählen, daß es dem Vater gar nicht einfiel, in ihn ein Mißtrauen zu setzen.

Die Woche hindurch lief er halbe Tage lang von der Arbeit unter dem Vorwande, er sollte zum Paten, zur Base oder zur Großmutter kommen, und ging in die liederlichsten Häuser, wo er einen Gulden nach dem andern sitzen ließ.

Der Vater vermißte nach und nach Geld, Wäsche und Handwerkszeug. Es ging ihm im Kopfe herum. Ich muß, sagte er einmal bei Tische, einen Spitzbuben im Hause haben, das kann nicht anders sein. Den muß ich herauskriegen, es koste, was es wolle. Der junge Stephan wurde weder blaß noch rot. Er kriegte den Vater auf die Seite und zischelte ihm in das Ohr: Wollt ihr wissen, wer euer Dieb ist? Das ist der Geselle. Der läßt in allen Wirtshäusern so viel aufgehen, daß die ganze Stadt davon spricht. Nicht wahr, es ist euch ein Rößchensgulden weggekommen? Wirklich? Nun seht, den hat er am verwichenen Sonntage im Gasthofe auf das Spiel gesetzt.

Natürlich mußte dies Meister Stephan ärgern. Er lief auf den Gesellen los, schalt ihn einen Dieb, einen Spitzbuben. –

Den höre ich, sagte der Geselle. Der Spitzbube soll euch teuer zu stehen kommen.

Er lief auf das Rathaus, verklagte seinen Meister und brachte es dahin, daß ihm dieser Abbitte und Ehrenerklärung tun und noch überdies etliche Gulden Strafe erlegen mußte.

Wie es nun zu gehen pflegt. Der Krug geht so lange zu Wasser, bis er zerbricht. Meister Stephan kam nach und nach hinter alle Schelmereien seines Sohnes. Er schmälte, er prügelte, er drohte mit dem Zuchthause, das half aber alles nichts. Meister Stephan wurde nach und nach zum armen Manne. Schließlich kam es mit ihm so weit, daß er selbst als Geselle arbeiten mußte. Da soll er nun oft gegen seine Mitarbeiter geklagt haben: Ich armer Mann! In all das Unglück hat mich mein Junge, der Galgenstrick, gestürzt. Kein wahres Wort geht aus seinem Munde. Er lügt, wie ein Vogel in der Luft fliegt. Wenn ich nur wissen sollte, wo er das verdammte Lügen gelernt hätte!

II.

Belache und belohne die Lügen!

Krieg' ich auch Wein? fragte Lottchen bei Tische ihre Mutter.

Nein, Lottchen, der Wein ist Kindern nichts nütze.

Aber ich bin ja krank und habe einen schwachen Magen. Du sagtest ja einmal, daß der Wein für einen schwachen Magen gesund wäre.

Da lachte die ganze Tischgesellschaft über das drollige Mädchen. Die Mutter griff sogleich nach der Flasche, schenkte ihr ein und sagte: Da hast du nur ein Gläschen, du kleine Lose! Ist nun der Magen wieder gesund?

Ja, Mutter, recht gesund. Es tut mir nichts mehr wehe.

Dieser Einfall wurde abermals mit Lachen aufgenommen.

Lottchen merkte es sich und suchte nun durch solche Einfälle das Lob ihrer Mutter zu verdienen. Und da, wie bekannt, die Hunde am Riemchen Leder kauen lernen, so gewöhnte sich auch Lottchen durch dergleichen Späßchen das Lügen so an, daß sie in der Folge beständig unter dem Namen Lügenlotte in der Stadt bekannt war.

III.

Glaube alles, was dir deine Kinder sagen.

Die Frau Simpel erkundigte sich jedesmal, wenn sie von Besuchen zurückkam, wie sich ihre Kinder in ihrer Abwesenheit aufgeführt hätten, und zwar bei den Kindern selbst, weil sie glaubte, daß diese ihr von ihrem Betragen die zuverlässigste Nachricht geben könnten.

Nun, Kinder, seid ihr auch recht artig gewesen?

Recht artig, liebe Mutter!

Ihr habt doch nicht getobt?

Nein, wirklich nicht.

Ihr seid doch nicht auf der Gasse umhergelaufen?

Wir sind nicht aus der Stube gekommen. Ich habe gestrickt und meine Schwester hat in der Bilderbibel geblättert.

Nun, das ist fein. Da bringe ich euch auch ein Stückchen Kuchen mit, weil ihr so artige Kinder gewesen seid.

Gingen die Kinder spazieren, so fragte sie die Mutter allemal, wo sie gewesen wären. Und da nannten sie ihr immer einen Ort, mit dem sie wohl zufrieden war. Und das glaubte sie alles, ohne weitere Nachfrage anzustellen, ob die Kinder auch die Wahrheit geredet hätten.

Anfänglich nun redeten sie immer die Wahrheit. In der Folge versahen sie aber doch da und dort etwas, das sie für gut hielten, der Mutter zu verbergen. Sie liefen z. B. einmal in der Mutter Abwesenheit mit wilden Kindern auf der Gasse umher, wurden darüber bänglich und konnten sich anfänglich nicht entschließen, die Mutter zu belügen. Endlich sagte aber die ältere Schwester: Wir dürfen es doch nicht sagen, daß wir herumgelaufen sind, sonst kriegen wir keinen Kuchen. Dies bewog nun die anderen Kinder, daß sie mit der älteren Schwester eins wurden, der Mutter, wie sie sagten, eine Nase vorzuschwatzen.

Als nun die Mutter fragt: Seid ihr fein zu Hause geblieben? so erschraken sie; keins traute zu antworten, bis die ältere Schwester losbrach und sagte: Ja, liebe Mutter, wir sind nicht vor die Tür gekommen. Da stimmten denn die kleineren Kinder auch mit ein.

Die Mutter lobte sie wegen ihrer Eingezogenheit. Die Kinder dachten aber: Geht es so, daß die Mutter alles glaubt, so können wir ja mehrmals solche Späßchen machen.

Nun begingen sie die größten Ausschweifungen, wenn die Mutter nicht zu Hause war, und versicherten allemal bei ihrer Zurückkunft, daß sie recht fleißig und artig gewesen wären. Sie besuchten auf ihren Spaziergängen die Spielplätze, wo es am wildesten herging, und nannten hernach allezeit einen Ort, wo sie gewesen wären, von dem sie wußten, daß er der Mutter angenehm sei.

Sie wurden von Jahr zu Jahr in ihren Lügen dreister und freier, und es kam am Ende so weit, daß die Frau Simpel ihrer Kinder – Spott wurde.

IV.

Strafe deine Kinder, wenn sie die Wahrheit sagen!

Fritz wollte einmal eine Fliege fangen. Da er mit der Hand nach ihr fuhr, schlug er an des Vaters Glaskrug, daß dieser auf die Erde fiel und in viele Stücke zerbrach. Der arme Junge hätte vor Angst vergehen mögen. Unterdessen, dachte er, es ist doch wohl das Beste, daß du sogleich zum Vater gehst und ihm selbst gestehst, was du angerichtet hast. Wehmütig suchte er ihn und traf ihn endlich im Garten an. Ach, Vater, Vater! sagte er, sei ja nicht böse, ich wollte eine Fliege fangen und stieß an deinen Glaskrug.

Was? an den Glaskrug? und hast ihn zerbrochen?

Ja, ich habe ihn zerbrochen, lieber Vater; aber ich habe es wirklich nicht gern getan.

I du gottloser Junge! ich will dir den Glaskrug anstreichen, daß du an mich denken sollst.

Ach, Vater, was willst du machen? Lieber, lieber Vater! Ich glaube, du willst eine Weide abschneiden und mich schlagen? Ach, ich – ich bitte, ich bitte – in meinem Leben –

Du gottheilloser Junge –

Ach, Vater, du schlägst –
Du wirst doch –
Mich tot – du schlägst mich tot –
In deinem Leben nicht klug werden. Ach, mein Arm, mein Arm! Ach, hör' auf, Vater, ich will es in meinem Leben nicht wieder – Da merk's! Ich will dir lernen, den Glaskrug zerbrechen. Ach, daß Gott! Mein Arm, mein Arm! Ein anderes Mal blätterte Fritz in einem Bilderbuche. Ehe er es sich versah, glitt das Buch ab; er wollte es auffangen, ergriff ein Blatt, und – retz – da riß das Blatt mitten voneinander. Wem war banger als Fritz! Er machte das Buch zu und stellte es stillschweigend wieder an den Ort, wo er es weggenommen hatte.

Nach ein paar Tagen wollte der Vater etwas in dem Buche suchen und fand das zerrissene Blatt. Da fragte er sogleich den Fritz, ob er nicht wüßte, wer das Blatt zerrissen habe. Fritz gestand es, beschrieb aber auch zugleich, wie es damit zugegangen wäre, und bat, daß ihn der Vater doch ja deshalb nicht schlagen möchte.

Das half aber alles nichts. Fritz bekam seine Hiebe so gut wie damals, da er den Glaskrug zerbrochen hatte.

Da er nun sah, daß sein Vater durchaus die Wahrheit nicht hören wollte, so fing er nach und nach an, sie sich abzugewöhnen.

Wenn er hernach wieder etwas angerichtet hatte, so gestand er es niemals. Bald leugnete er es gar, bald schob er die Schuld auf einen Unschuldigen.

Er zerbrach, weil er sehr flüchtig war, bald Gläser, bald Tassen, aber er wußte sich allemal so herauszuwickeln, daß die Schuld nicht auf ihn kam. Bald sollte der Wind die Fenster aufgerissen und die Gläser heruntergeworfen, bald die Katze auf den Tisch gesprungen sein und die Tassen zerbrochen haben.

Einmal hatte er einen Teller voll Bratenbrühe auf sein Kleid gegossen. Anstatt daß er es hätte dem Vater gestehen sollen, so hing er ganz stillschweigend das Kleid an seinen Ort. Da er es den folgenden Tag anziehen sollte, kam er mit großem Geheule zu dem Vater gelaufen. Vater, Vater, schrie er, sieh einmal mein Kleid an! Da hat jemand Fett darauf gegossen, da ist ein großer Fleck geworden – das schöne Kleid!

Du hast es, sagte der Vater, doch wohl nicht selbst getan? Ich? antwortete er, ich werde ja mein Kleid nicht verderben. Nein, wirklich, das habe ich nicht getan.

Da kam nun Fritz allemal gut durch. Log er, so gingen alle seine Streiche ungeahndet hin. Redete er die Wahrheit, so bekam er Schläge. War es ihm zu verdenken, wenn er sich auf das Lügen legte?

Mittel, Kinder fein frühzeitig an Verleumdung zu gewöhnen

Muntere deine Kinder auf, anderen recht viel Böses nachzureden!

Meister Jörge war im höchsten Grade neugierig. Er hätte gar zu gern wissen mögen, was täglich in allen Häusern seiner Nachbarn vorging. Da er nun nicht wußte, wie er es erfahren sollte, so fiel er endlich darauf, seinen Sohn zum Spione zu gebrauchen.

Kaspar, so hieß Meister Jörgens Sohn, bekam allemal, so oft Meister Jörge hörte, daß einer seiner Nachbarn verreist war, den Auftrag, vor dem Hause desselben auf- und abzugehen und zu beobachten, wer in des Mannes Abwesenheit aus- und einginge. Hörte er, daß in einem Hause die Magd stark auf- und ablief oder daß die Lichter hell brannten oder die Vorhänge zugezogen waren oder stark geredet wurde, so wurde Kaspar abgeschickt, um zu erforschen, was da passiere. War es am Tage, so mußte er etwas aus dem Hause borgen oder sich nach etwas erkundigen; war es aber abends, so mußte er unter dem Fenster horchen, oder, wenn es möglich war, wohl gar hineinlauschen.

Anfänglich erzählte Kaspar alles treulich wieder, was er gesehen oder gehört hatte.

Da er aber in der Folge merkte, daß sein Vater vorzüglich neugierig war, daß er zehnmal fragte, wie? wer? wirklich? daß sein ganzes Gesicht sich aufheiterte, wenn er von den Leuten recht viel Übles redete, so ließ es sich Kaspar sehr angelegen sein, sich in seinen Erzählungen nach des lieben Vaters Geschmack zu richten.

Sagte er, daß eine Frau in ihres Mannes Abwesenheit Besuch von einer andern Frau gehabt habe, so erfolgte nichts, als ein trockenes – So so! Erzählte er aber, daß eine Mannesperson zu ihr gegangen wäre, daß sie mit ihm gelacht und gescherzt habe, da spitzte er die Ohren und wollte immer mehr wissen.

Nichts hörte er lieber, als wenn sich ein paar Eheleute entzweit hatten oder sonst eine Unordnung bei ihnen vorgefallen war.

Kinder haben gewöhnlich eine Begierde, anderen gefällig zu werden. Kaspar hatte sie auch, und da er sah, daß er sich durch nichts bei seinem Vater beliebter machen konnte, als dadurch, daß er anderen Übles nachredete, so brachte er es in dieser Kunst in kurzem sehr weit. Sein Vater bekam aus allen Häusern durch ihn die schlimmsten Nachrichten; kein Nachbar und keine Nachbarin behielten vor diesem Buben ihren ehrlichen Namen.

Das Verleumden ist ihm nach und nach so geläufig geworden, daß er es noch jetzt nicht lassen kann. Von niemand spricht er Gutes, von allen will er etwas Böses gesehen oder gehört haben. Es vergeht so leicht keine Woche, da er nicht ein paar Nachbarn, Freunde oder Eheleute durch seine Verleumdungen zusammenhetzt. Bisweilen wird nun freilich seine Tücke entdeckt. Er hat schon einigemal Strafe erlegen müssen, hat auch ein paarmal von seinen Kameraden Schläge bekommen; aber jung gewohnt, alt getan. Er ist und bleibt noch immer in seinem zwanzigsten Jahre der Verleumder, der er in seinem zehnten war.

Von niemand spricht er mehr Böses als von seinem eigenen Vater. Der ist, nach seiner Aussage, ein Erzknauser, ein Erbsenzähler, ein dummer, einfältiger Mann.

Meister Jörge soll unter der Hand etwas davon erfahren und ihm deswegen den Kopf tüchtig gewaschen haben. Ist das der Lohn, soll er unter anderem gesagt haben, für die Erziehung, die ich dir gegeben habe, mich alten Mann so in Schimpf und Schande zu bringen? Du Ranke! wart' – wart' – in deinem Leben kann es dir nicht wohl gehen, du Lästermaul! Hast du nicht im Sirach gelesen: Ein Dieb ist ein schändlich Ding, aber ein Verleumder ist noch viel schändlicher!?

Mittel, Kinder verdrießlich und mit ihrem Zustande mißvergnügt zu machen

I.

Zeige ihnen alle Dinge von der schlimmen Seite!

Wenn Amalie speiste, so zog sie gewöhnlich ein Mäulchen, als ob sie Pillen kaute, und fand an dem besten Essen etwas zu tadeln. Bei jedem Gericht Rindfleisch erinnerte sie, daß es unausstehlich wäre, daß keine polnischen Ochsen mehr ins Land gebracht würden; das Gemüse hatte ihrer Meinung nach den Geschmack gar nicht wie das, welches sie zu ihrer seligen Mutter Zeit gegessen hätte. Da war es, wie sie sagte, ganz andere Zeit; – da war das Kraut so mürbe, daß es auf der Zunge zerging, aber jetzt fand sie weder Geschmack noch Geruch daran. Das Fischwerk schmeckte ihr immer faulig und die Brühen machte ihr die Köchin niemals recht. Sie legte vor Verdruß oft Messer und Gabel hin und trat an das Fenster.

Wenn sie sich anzog, um Besuch zu geben oder anzunehmen, so war ihr, kurz gesagt, alles nicht recht. In dem seidenen Zeuge, in dem Bande, das sie anlegte, war nicht für einen Pfennig Geschmack, und ihre Kleider schienen ihr so dumm zugeschnitten zu sein, als ob sie für die plumpste Bauerfrau gemacht worden wären.

Sie kam dann mißvergnügt aus der Gesellschaft und beklagte sich über Mangel an Lebensart, den sie bei dieser oder jener Person wollte bemerkt haben, und wünschte tausendmal, daß sie mit solchen Leuten gar keinen Umgang haben dürfte.

Bis jetzt hat ihr der liebe Gott selbst noch gar nichts recht gemacht. Regnet es ein paar Tage, so heißt es: O, über das unausstehliche Wetter! Melancholisch möchte man werden! Ist es heiß, so möchte sie von Sinnen kommen, und ist es kalt, so seufzt sie: Der böse Winter! Er wird doch einmal ein Ende nehmen! Wenn wir doch nur erst Ostern erlebt hätten!

Kurz, auch da, wo alles vergnügt ist, findet Amalie Ursache, sich zu beklagen.

Und nirgends beklagt sie sich lieber als in Gegenwart ihrer Kinder.

Daher hat sie auch lauter Kinder, die ihrem Bilde ähnlich sind. Wenn sie des Morgens aufstehen, so weinen sie. Dem fehlt ein Strumpfband, dem andern eine Schnalle, dem dritten ist das Wasser zu kalt, in dem es sich waschen soll. Auf diese Art ist in diesem Hause immer eine solche Wehklage, daß oft die Vorübergehenden geglaubt haben, es wäre jemand im Hause krank oder gar gestorben.

Wird die Schokolade aufgetragen, so geht das Pimpeln von neuem an. Wer es nicht weiß, sollte meinen, sie müßten alle Rhabarber einnehmen. Dem einen ist sie nicht süß genug, dem andern ist sie zu heiß, das dritte beklagt sich, daß ihm die Tasse zu voll geschenkt worden wäre.

So geht es bei Tische, so geht es den ganzen Tag über. Das Winseln hört nicht eher auf, bis sie eingeschlafen sind.

Vor einigen Wochen konnte es Amalie nicht mehr ausstehen. Sie trat mit einer Rute unter sie und sagte: Ihr gottlosen Kinder! Wird denn das Heulen niemals alle? Ihr habt euer warmes Bett, eure Kleidung, eure Schokolade, euren guten Tisch – und doch winselt ihr, als wenn es euch an allem fehlte! Wenn es doch arme Kinder so gut wie ihr hätten! Gregorius, gleich sei vergnügt oder ich will mit der Rute über dich kommen! Und du, Hermann, du, Karoline, merk' es auch, oder es setzt gewiß derbe Schläge!

Und doch wurden die Kinder nie vergnügt. Wie das wohl zugehen muß?

II.

Stelle ihnen Dinge recht süß vor, die sie nicht haben können.

Meister Stephan verdiente durch seinen Fleiß so viel, daß in seinem Hause nie Mangel war. Täglich stand eine große Schüssel voll Gemüse zu Mittag auf dem Tische, des Abends war Butter und Käse da. Seine Kinder waren gesund, und da die Mutter sehr arbeitsam war, so hatten sie jederzeit reine Wäsche und ganze Kleider. Auch bescherte der liebe Gott immer so viel, daß sie sich bisweilen eine Veränderung machen und auf den benachbarten Dörfern einen Teller voll Schinken und einen Krug Bier genießen konnten. Was das, wird man denken, für vergnügte Leute gewesen sein müssen!

Nichts weniger als dieses. Meister Stephan wußte seine Kinder immer so zu unterhalten, daß sie glaubten, sie wären die unglücklichsten Leute auf dem Erdboden. Er bemühte sich immer, ihre Aufmerksamkeit von dem abzuziehen, was sie genossen, und ihnen alles als süß vorzumalen, was sie entbehren mußten.

Wenn sie sich an einem Teller voll Sauerkraut labten, sagte er gewöhnlich: Heute wird es in jenem Hause hoch hergehen. Da wird es Wildbret, Fisch und Wein geben. Ach! so etwas kommt freilich an unsereinen nicht, da muß man das Maul wischen! Sogleich wollte den Kindern das Sauerkraut nicht mehr schmecken. Ging ein schön gekleidetes Kind vorbei, so rief er seine Kinder, zeigte ihnen dasselbe und sagte: Seht ihr, wie das Kind geputzt ist? wie ein Engel. Ihr armen Kinder – wenn ich eure Lümpchen dagegen halte! – Wenn mich doch nur einmal der liebe Gott in bessere Umstände versetzte, so wüßte ich wohl, was ich tun wollte, und die Kinder sahen nun auf einmal ein, daß sie sich ihrer Kleider schämen müßten.

Ging er spazieren und es rollte eine Kutsche vorbei, so hieß es: Ja, ja, die können fahren! Wir armen Leute müssen gehen.

Wollte seinen Kindern auf dem Dorfe bisweilen ein Vergnügen anwandeln, wenn sie guten Schinken und gutes Bier genossen, so zeigte er nach der Gesellschaft, die neben ihm speiste, und sagte: Wer es doch auch so gut hätte! Wer doch auch ein Gläschen Wein trinken könnte! Und die Kinder verzogen den Mund, so oft sie das Glas ansetzten.

Ohne Zweifel hatte Meister Stephan zur Absicht, durch dergleichen Gespräche den Kindern die Welt recht zuwider zu machen, und diese Absicht erreichte er. Sie sind alle wohl versorgt und doch alle äußerst mißvergnügt. Sie freuen sich nie über das Gute, das sie genießen, aber immer betrüben sie sich über das, was sie nicht haben können.

Mittel, die Kinder für die Welt unbrauchbar und ihr Leben freudlos zu machen

Zwinge sie zu einem Berufe, zu dem sie weder Lust noch Geschicklichkeit haben!

In Sandleben wohnte vorzeiten ein Bauer, den noch viel alte Leute gekannt haben, der Nachbar Rehbock hieß. Dieser Rehbock war der Meinung, ein jeder Mensch habe seine Freiheit, man müsse daher jedem Kinde auch seinen Willen lassen und nur immer darauf sehen, daß es nichts Böses täte und keine albernen Streiche mache.

Nun hatte er zwei Söhne, davon hieß einer Friede, der andere Balzer. Mit diesen ging er einmal Sonntags spazieren, setzte sich unter eine Linde und sagte: Hört, Kinder, ihr wachset heran und es ist Zeit, daß ich wissen muß, was aus euch werden soll.

Sagt mir einmal, wozu habt ihr Lust? Was wollt ihr werden? Ich werde ein Pfarrer, sagte Friede. Und ich bleibe bei dem Ackerbau, sagte Balzer.

Gut, antwortete der Vater, du, Balzer, kannst ohne Widerrede deinen Willen haben, sei nur auch fein fleißig und nimm dich der Arbeit und der Haushaltung an. Es gehört gar viel dazu, wenn man bei dem Ackerbau sein ehrliches Auskommen finden will. Dir, Friede, will ich auch nicht hinderlich sein. Hast du aber auch den Kopf dazu? Ich habe gehört, wer ein Pfarrer werden will, der müsse sieben Sprachen verstehen! Getraust du dir wohl die zu lernen?

Und wenn es ihrer vierundzwanzig wären, sagte Friede, so wollte ich mich nicht davor fürchten.

Der Vater traute aber dem Landfrieden nicht, sondern ging mit Friede zum Herrn Pfarrer und bat, er möchte ihm doch ein wenig auf den Zahn fühlen und versuchen, ob sein Friede wohl wirklich den Kopf dazu hätte, ein Pfarrer zu werden.

Der Herr Pfarrer ließ Friede eine ganze Woche lang zu sich kommen, sprach mit ihm, ließ ihn in Büchern lesen, hernach kam er zum Vater und sagte: Nachbar Rehbock, euer Sohn hat einen trefflichen

Kopf und ungemeine Lust, recht viel zu lernen. Laßt ihn in Gottes Namen studieren.

So blieb Balzer bei dem Ackerbaue und erwarb sich so viel, daß er das Gut in Sandleben pachten konnte, wo er sich sehr gut stand und durch seinen Fleiß und seine gute Haushaltung ein ziemliches Vermögen erwarb. Friede hingegen bezog erst die Schule, hernach die Universität und wurde immer seines unermüdeten Fleißes wegen gelobt. Da er von der Universität zurück kam, starb bald darauf der Herr Pfarrer in Sandleben, und der Herr Magister Friedrich Rehbock wurde an seine Statt zum Pfarrer gewählt. Er verwaltete sein Amt gut, predigte und erklärte die Bibel so, daß ihn alle Nachbarn in Sandleben gern hörten und viele durch sein Predigten klüger, besser und glücklicher wurden.

Das war es aber eigentlich nicht, was ich sagen wollte.

Der Pachter Balzer Rehbock und der Herr Magister Friedrich Rehbock nahmen beide Weiber, und sie wurden beide in den ersten Jahren ihres Ehestandes mit einem gesunden Kinde erfreut. Beide Kinder waren Söhne und wuchsen zur Freude der Eltern heran.

Als beide das zehnte Jahr erreicht hatten, bemühte sich jeder Vater, sein Kind zu dem Berufe anzuführen, bei dem er sich selbst so wohl befunden hatte. Der Pachter Balzer hielt seinen Sohn Gottlieb an, den Garten zu jäten und zu begießen, und der Herr Magister fing an, mit seinem Sohne Polykarpus Gedikens lateinisches Lesebuch durchzugehen. Beide hatten aber an ihren Kindern gar wenig Freude.

Wenn Gottlieb jäten sollte, so blätterte er in einem Buche, und dem Polykarpus wollte das Latein nicht in den Kopf. Er war immer bei den Pferden, und wenn der Knecht auf den Acker zog, mußte dieser ihn gewöhnlich auf dem Pferde reiten lassen.

Darüber betrübten sich beide Väter sehr, und da einmal der alte Rehbock seinen Geburtstag feierte und alle seine Kinder und Enkel dazu hatte einladen lassen, klagten sie ihm ihre Not.

Wenn's weiter keine Not ist, sagte der Alte, so kann der Sache leicht abgeholfen werden. Ich dächte, du, Friede, ließest deinen Sohn bei dem Ackerbau, und du, Balzer, ließest deinen Gottlieb studieren.

Damit waren aber beide nicht zufrieden und glaubten, daß ihr Vater als ein einfältiger Bauer darüber nicht urteilen könne.

Jeder zwang seinen Sohn, sich dem Geschäfte seines Vaters zu widmen. Gottlieb bekam Schläge, wenn er in Büchern gelesen und nicht ordentlich gejätet – und Polykarpus bekam Maulschellen, wenn er sich in Gedikens Lesebuch nicht präpariert hatte.

Beide Väter hatten das Vergnügen, durch diese Behandlungsart ihre Absicht erreicht zu sehen. Gottlieb baute den Acker und Polykarpus studierte. Jener wurde ein Pachter, dieser aber ein Pfarrer. Darüber freuten sich beide Väter gar sehr.

Kurz darauf wurde aber beider Freude in Traurigkeit verwandelt. Wenn die Bestellzeit anging, die Heu- und Getreideernte besorgt werden sollte, so las Gottlieb in Büchern, überließ die Besorgung der Wirtschaft den Knechten und Mägden, die, weil sie ohne Aufsicht waren, ihre Geschäfte sehr nachlässig und liederlich trieben, ihren Herrn übervorteilten und ihn in wenig Jahren dahin brachten, daß ihn die Schuldner vom Hause und Hofe jagten. Herr Magister Polykarpus hingegen stand fast Todesangst aus, so oft er eine Predigt halten mußte. Bei dem Gebete zitterte er am ganzen Leibe, und wenn er den Text verlesen hatte, troff er vor Angstschweiß. Dabei hatte er den kränkenden Verdruß, daß ihn seine Gemeinde nicht gern hörte, sich des Sonntags in benachbarte Dörfer verlief und seine Kirche leer stehen ließ. Einmal kamen Gottlieb und Polykarpus zusammen, wurden bei einem Glase Bier offenherzig, klagten einander ihre Not, und jeder sagte: Ich habe mein Leben so satt, daß ich lieber heute als morgen sterben möchte.

Mittel, Kinder naschhaftig zu machen

I.

Versage ihrer Lüsternheit nichts!
Friederikchen mußte von allem, was auf den Tisch kam, zuerst haben. Das war in ihrem Hause nun einmal so hergebracht. Wenn die Mutter einen Teller voll Kuchen in die Stube trug, so schrie sie ihr nach: Mutter, ich will auch Kuchen! Gib mir Kuchen! Und die zärtliche Mutter sagte: Ja, Friederikchen, gleich sollst du Kuchen haben; warte nur eine Minute, ich will erst ein Messer holen! Aber Friederikchen hielt nicht viel vom Warten, sie forderte mit Ungestüm: Ich will jetzt Kuchen haben! Da riß ihr denn die Mutter einstweilen ein Stück mit den Händen ab.

Kam die Mahlzeit auf den Tisch, so rückte Friederike gleich den Stuhl herbei, schob den Teller an die Schüssel, und die Mutter legte ihr vor, ohne das Tischgebet abzuwarten. Der Mann wollte sie zwar bisweilen versichern, daß dieses höchst unschicklich sei, Kindern müsse zuletzt vorgelegt werden, damit sie ihre Begierde mäßigen lernten, sie wies ihn aber immer mit der Antwort zurück: Es ist ja nur ein Kind! Wenn es erst zu Verstände kommt, so wird es sich von selbst geben.

Bekamen die Eltern Besuch, so verstand es sich von selbst, daß der Tochter die erste Tasse eingeschenkt wurde und die Gäste so lange warten mußten, bis Friederikchens Forderungen befriedigt worden waren. Dann hing sie sich an die Mutter und fragte einmal über das andere: Bringst du bald Konfekt? Sobald dieses hereingebracht wurde, mußte Friederikchen ihr Stück haben. Dies war nun bald verzehrt. Dann zupfte sie an der Mutter Schürze, wies nach dem Teller, sagte auch wohl, wenn es die Mutter nicht verstehen wollte: Ich will Konfekt! Konfekt will ich haben! Und die gütige Mutter reichte ihr ein Stück nach dem andern hinter den Stuhl.

Nach und nach hörte Frederikchen auf, ein Kind zu sein, und wurde eine Mamsell. Es gab sich aber mit der Lüsternheit doch nicht von selbst, wie die Mutter geglaubt hatte. So oft sie etwas Leckerhaftes sah, so lief ihr der Mund voll Wasser und sie sann auf

Ränke, desselben habhaft zu werden. Die Mutter mußte alles vor ihr verschließen; denn wenn sie den Rücken wendete, so war Mamsell Friederikchen darüber her und benaschte es. Sie hatte z. B. einmal einen Aschkuchen gebacken, um damit eine Gesellschaft zu bewirten. Mamsell Friederikchen konnte die Zeit nicht erwarten, bis er aufgeschnitten wurde; sie schlich in die Speisekammer, riß das Braune herunter und schloß eine Katze hinein, die alsdann den Zorn der aufgebrachten Mutter erfahren mußte.

Dergleichen Stückchen machte nun Mamsell Friederikchen viele, die nach und nach alle der Mutter bekannt wurden. Diese grübelte darüber nach, woher doch die unbändige Naschhaftigkeit des Mädchens kommen möchte; aber den eigentlichen Grund, welcher in der fehlerhaften Erziehung des Kindes zu suchen war, fand sie nicht.

II.

Gib ihnen Geld unter die Hände, ohne dich zu erkundigen, wie sie es angewendet haben.

Herr Anton hatte gehört, daß es in vornehmen Häusern Mode sei, Kindern Taschengeld zu geben. Da er nun auch gern zu den Vornehmen gerechnet sein wollte, so gab er seinen Kindern ebenfalls am Sonntage ihr Taschengeld, und wenn der Sonntag wieder herbeikam, so zahlte er die bewilligte Summe wieder aus, ohne sich nur mit einem Worte danach zu erkundigen, wie sie das vorige angewendet hätten.

Dieses wendeten sie nun zu lauter Leckerbissen an. Rosinen, Mandeln, Morsellen[5] und andere dergleichen Waren führten sie beständig bei sich.

In den ersten Wochen war ihr Taschengeld hinlänglich, diesen Aufwand zu bestreiten. Da aber ihre Lüsternheit immer mehr gereizt wurde und sie in der Folge immer teureres Naschwerk kennen lernten, so war es gewöhnlich am Montag schon verzehrt.

Nun sollten die guten Kinder die ganze Woche durch leben, ohne etwas aus der Tasche knaupern zu können. Dies ging doch unmög-

---

[5] Vom lat: morsuli = Bissen; hier Zuckerstückchen.

lich an. Sie mußten also auf Mittel sinnen; diesem Mangel abzuhelfen. Anfänglich borgten sie und bezahlten von dem Gelde, das für die künftige Woche bestimmt war. Das konnte aber nicht lange Bestand haben. Es kam bald so weit, daß sie ihr Taschengeld schon auf ein Vierteljahr voraus verzehrt hatten. Was war also zu tun? Sie legten sich auf das Stehlen und wußten ihre Rolle dabei recht gut zu spielen. Da ihr Vater eine starke Einnahme hatte und selbst nicht wußte, wieviel Geld er in der Kasse habe, so konnten sie ihm unter der Hand einen Gulden nach dem andern entwenden, ohne daß er es gemerkt hätte.

Der liederliche Student, der alle seine Sachen versetzt hatte und vor etlichen Wochen Schulden halber in das Gefängnis gesetzt wurde, ist ein junger Anton. Und die Frau, die deswegen so berüchtigt ist, daß sie Wäsche und Kleider versetzt, um sich heimlich allerlei gutes Backwerk machen zu können, ist das Julchen, von dem ich jetzt geredet habe.

Der gute Anton grämt sich darüber fast zu Tode und will nun durchaus wissen, wer seine Kinder verführt habe. An ihm, sagte er, läge die Schuld nicht, er habe sie zu allem Guten erzogen.

III.

Male ihnen die Leckerbissen recht süß vor!

Meister Hiob hatte eine starke Verwandtschaft, in der es immer etwas zu schmausen gab. Bald wurde er zu einer Hochzeit, bald zu einer Kindtaufe, bald zu einem andern Gastmahle eingeladen, wovon gewöhnlich den andern Tag etwas Konfekt und Gebackenes für die Kinder nachgeschickt wurde. Dieses teilte Meister Hiob unter sie mit so einer wichtigen Miene aus, als wenn er ihnen Sachen von unschätzbarem Werte zu geben hätte. Wenn er dem kleinen Ferdinand ein Stück Torte geben wollte, so hielt er es erst eine halbe Viertelstunde in die Höhe und sagte: Gucke, Ferdinandchen, was ich dir mitgebracht habe! Das ist was Delikates; das wird schmecken! Tausend, wirst du das Mäulchen nicht lecken, wenn du so etwas Süßes bekommst: Du willst es doch wohl annehmen?

Da wurde dann Ferdinands Begierde recht heiß. Er streckte die Hände aus und sagte: Ach ja, ja, lieber Vater! Gib es mir nur! Wenn dann Ferdinandchen so eine Zeit lang geschmachtet hatte, so bekam es endlich die Torte. Und nun kam es an die übrigen Kinder, mit denen er es ebenso machte.

Niemals machte er es aber so, wenn er ihnen Erbsen oder Wasserbrei vorsetzte.

Kam etwas Leckerhaftes auf den Tisch, so gebärdete er sich auch wunderbar. Ach! pflegte er zu sagen, das ist ja etwas Vortreffliches; heute wollen wir uns auch etwas Rechtes zu gute tun.

Auf diese Art wurden die Kinder belehrt, daß es kein größeres Glück für den Menschen gäbe, als wenn er etwas Leckerhaftes genießen könne, und daß Backwerk und gekünstelte Speisen einem einfachen Gemüse vorzuziehen wären.

Da nun jeder Mensch ein Verlangen nach Glückseligkeit hat, so mußte notwendig bei Meister Hiobs Kindern eine heiße Sehnsucht nach Leckerbissen entstehen, die sie verleitete, jede Gelegenheit zu ihrer Befriedigung aufzusuchen. Auf diese Art wurden sie naschhaftig.

Mittel, die Kinder zum Guten verdrossen zu machen

Bemerke nicht das Bestreben deiner Kinder, gut zu sein, so werden sie es bald überdrüssig!

Heute, dachte Karolinchen, will ich anfangen, recht gut zu sein, daß der liebe Vater, der so viel Mühe mit mir hat, seine Freude an mir sehen soll. Kaum war sie also aus dem Bette aufgestanden, so setzte sie sich hinter ihren Nährahmen und arbeitete so fleißig, als man es von ihren Jahren erwarten konnte. Wie wird, sprach sie bei sich selbst, der Vater lachen, wenn er in die Stube tritt und deinen Fleiß sieht!

Der Vater trat in die Stube und lachte nicht. Er nahm den Kalender in die Hand und sah nach, ob der Mond bald voll wäre. Er trat noch einmal hinein, und Karolinchen schielte so liebreich nach ihm, daß man hätte meinen sollen, er müsse sie bemerken. Aber er bemerkte sie nicht. Er ging vielmehr auf seinen Mops zu und machte ihm einige Liebkosungen.

Nach Tische ging er in Gesellschaft.

Karolinchen ging gleich in seine Stube, kehrte sie aus, setzte die Stühle in Ordnung, wischte die Tische ab und räumte alles weg, was ihrer Meinung nach nicht am rechten Orte war. Darauf setzte sie sich hin und schrieb ihm einen allerliebsten Brief, in dem sie ihm teuer versicherte, daß sie von nun an eine recht folgsame und gute Tochter sein wollte.

Nun kam der Vater und ging in seine Stube. Karolinchen schlich sich nach, um Zeugin seines Wohlgefallens an ihrem guten Betragen zu sein.

Aber der Vater bemerkte nichts von all der Ordnung, die in seiner Abwesenheit war gemacht worden.

Wo ist, fragte er heftig, meine Schreibtafel?

Karolinchen, die sich nicht gleich besinnen konnte, wo sie dieselbe hingelegt habe, lief erschrocken umher, suchte und sagte: Ich habe – ich habe –

Ist's nicht wahr, du hast sie weggelegt?

Ja! ich wollte – ich wollte –
Wenn sich doch ein so einfältiges Ding, wie du bist, nicht in meine Sachen mischte!

Dies schlug das arme Kind so nieder, daß es wirklich im Begriffe war, seinen Brief zu zerreißen.

Endlich wagte sie es doch, ihn zu übergeben.

Geh', sagte der Vater, mit deinem Wische. Ich habe jetzt keine Zeit, mich damit abzugeben.

Diese ungehörige Behandlung hatte die Wirkung, daß es Karolinchen nicht wieder in Gedanken kam, sich ihm gefällig zu machen.

Mittel, Kinder dumm zu machen

I.

Gib ihnen derbe Maulschellen, wenn sie etwas versehen!

In einem gewissen Hause war die gewöhnliche Strafe, die für jedes Versehen der Kinder bestimmt war, ein paar tüchtige Maulschellen. Wenn Kaspar oder Georg etwas nicht nach der Eltern Willen machten, so war die gewöhnliche Drohung: Wart', ich will dir ein paar ins Gefräße geben, daß dir Hören und Sehen vergehen soll.

Und bei dieser Drohung blieb es nicht, sie wurde täglich, wenigstens einigemal, so nachdrücklich in Erfüllung gesetzt, daß die Kinder oft etliche Minuten wie betäubt dastanden, besonders wenn der Vater über sie kam. Denn da dieser nervige Arme und kraftvolle Hände hatte, so schlug er damit die Kinder so stark auf die Köpfe, daß sie oft vor ihm umhertaumelten.

Durch diese heftige Erschütterung wurde nach und nach das ganze Gehirn in Unordnung gebracht. Kaspar und Georg wurden die größten Dummköpfe. Die Augen starrten geradeweg, und der Mund stand ihnen fast immer offen. Von mutwilligen Leuten wurden sie beständig mißhandelt, die sich um die Wette bemühten, ihnen die ungereimtesten Erzählungen glaubhaft zu machen, und sich alsdann daran belustigten, wenn diese auf das zuversichtlichste nacherzählten, daß der Türke Konstantinopel weggenommen, oder Meister Friedrich einen Kobold im Springeisen gefangen habe.

Wer nun seinen Gefallen an Dummköpfen hat, der beliebe seine Kinder auf diese Art zu erziehen; er wird davon gute Wirkung spüren. Probatum est.[6]

---

[6] Lat: Es ist bewährt.

Mittel, Kindern die Unordnung zu lehren

Steure beizeiten ihrer Liebe zur Ordnung! Philippinchen war in den ersten Jahren ihres Lebens ein Muster guter Ordnung. Sie wollte ihre Wäsche und Kleidung gern immer reinlich haben, welches auch gar wohl möglich war, solange die alte Katharine, die, wie bekannt, beständig auf Reinlichkeit hielt, bei ihren Eltern diente. Philippinchen hielt darauf, daß von allen ihren Sachen ein jedes seinen bestimmten Platz hatte, wohin sie es, nachdem sie es gebraucht hatte, legen oder stellen konnte. Ein Loch im Strumpfe oder in einem anderen Kleidungsstücke konnte sie durchaus nicht leiden.

Damit war nun die liebe Mutter gar nicht zufrieden. Wenn das Ding hätte so fortgehen sollen, so hätte sie immer tätig sein, Philippine guten Rat geben und sie bei ihrer Ordnung schützen müssen. Da müßte sie aber, wie sie zu sagen pflegte, viel zu tun haben, wenn sie sich um alle diese Kleinigkeiten bekümmern wollte.

Huldrich, Philippinchens Bruder, war ein sehr mutwilliger Junge. In seiner Schwester Abwesenheit durchsuchte er ihre Bücher und ihr Spielwerk und warf es umher. Wenn nun Philippinchen zurückkam und die Unordnung sah, so lief sie mit nassen Augen zur Mutter, zeigte ihr den Schrank und bat um Abstellung dieses Unfugs.

Aber die Mutter erteilte ihr gewöhnlich ganz kaltsinnig die Antwort: Albernes Mädchen! Mußt du denn um solcher Lumpereien willen so einen Spektakel anfangen? Stelle die Sachen wieder hin, wo sie gestanden haben, so ist es gut!

Wenn Philippinchen ein Loch im Strumpfe oder in einem anderen Kleidungsstücke hatte, so lief sie ängstlich zur Mutter und sagte: Gucke, Mutter, das Loch da! Gib mir eine Nähnadel, ich will es zustechen.

Aber die Mutter wies sie zurück und sagte: Ach, ich habe jetzt keine Nadel! Ich habe keine Zeit dazu, daß ich dir immer aufwarten kann.

Philippinchen ging bisweilen in Gesellschaft. Wenn sie nun zurückkam, so bat sie die Mutter um den Schlüssel zur Kommode, daß sie ihre Sachen aufheben könnte. Aber die Mutter sagte oft, dazu ist ja morgen noch Zeit genug. Du kannst ja diesen Abend deine Sachen da auf die Bank oder auf das Bett werfen.

Und das gehorsame Philippinchen befolgte die Winke, die ihr die Mutter gab, auf das pünktlichste; sie bekümmerte sich nicht mehr um ihren Schrank; die Bücher und Spielsachen warf sie bald auf den Herd, bald auf den Abtritt, bald in den Garten. Durch viele Selbstüberwindung brachte sie es so weit, daß sie mit durchlöcherten Strümpfen, schmutziger Wäsche und zerrissenen Kleidern ausgehen konnte, ohne rot zu werden. Und wo sie sich auszog, da ließ sie die Kleidung liegen.

Sie ist jetzt Frau, und ihr Haus ist ein Muster guter Unordnung. Die Windeln knüpft sie den Kindern anstatt der Servietten vor, in der Putzstube liegt die schwarze Wäsche, und der Nachtstuhl steht in der Speisekammer. Ihre Kinder klebten, wie man zu sagen pflegt, wenn man sie an die Wand würfe.

So viel können Eltern durch anhaltenden Unterricht bei den Kindern ausrichten!

Mittel, Kindern den Geiz beizubringen

Mache ihnen, sobald als möglich, hohe Vorstellungen von dem Werte des Geldes.

Ob Herr Harpax, wie einige behaupten wollen, wirklich geizig gewesen sei, will ich nicht entscheiden. Soviel ist gewiß, er hatte das Geld sehr lieb. Die seligsten Stunden seines Lebens waren die, da er Geld zählte, und diejenigen Tage glaubte er am nützlichsten angewendet zu haben, da er das meiste erworben hatte. Glücklich und reich hielt er für gleich viel geltende Worte.

Diese Weisheit suchte er nun auch dem kleinen Gottfried einzuflößen. Wenn er in seiner Gegenwart vom Gelde sprach, so geschah es allemal mit dem größten Entzücken, und wenn die Rede auf den vorigen Krieg gelenkt wurde, da er mit dem Fruchthandel hundert Prozent erworben hatte, so funkelten die Augen, die Wangen glühten und über sein ganzes Gesicht ergoß sich eine Heiterkeit, wie sie der Menschenfreund empfindet, wenn er auf seinen Reisen an einen Ort kommt, wo er vor etlichen Jahren eine edle Tat verrichtet hat. Hörte er von jemand, daß er eine reiche Frau bekommen oder eine gute Erbschaft getan habe, so sagte er allemal: Nun, das ist wahr! Das lasse ich gelten! Das heiße ich glücklich sein!

Das war nun ebensoviel, als wenn er gesagt hätte: O mein Gottfried, je mehr Geld du besitzest, desto glücklicher bist du! Was man von Rechtschaffenheit, Menschenliebe, den stillen Freuden der Tugend sagt, sind lauter Possen: ich habe, das glaube mir, lange gelebt, aber nie süßere Freuden empfunden, als die der Klang des Geldes verschafft. Deine Hauptabsicht bei allen deinen Handlungen muß also dahin gehen, Geld zu erwerben. Alles andere mußt du als Nebenwerk betrachten.

Er eiferte gegen alles, was Aufwand erforderte. Jede Spazierreise, jedes Gastmahl, das seine Mitbürger anstellten, erklärte er für eine Todsünde, die zu seiner Zeit gewiß noch würde gestraft werden. Er wollte, sagte er oft, es wohl noch erleben, daß dergleichen leichtfertige Leute ihr Brot vor den Türen suchen müßten; er habe schon mehrere dergleichen Zeisige gekannt, denen es am Ende ebenso gegangen wäre. Die Almosen verwarf er nicht ganz, doch setzte er, wenn er davon sprach, allemal wohlbedächtig hinzu, die Liebe finge an sich selbst an, man dürfe nicht eher geben, bis man selbst etwas übrig habe, und sich ja vorsehen, daß man denen nur Gutes täte, die es verdienten. Da er aber niemals etwas übrig zu haben glaubte, auch an allen Armen, die in seiner Stadt wohnten, Fehler wußte, die sie des Genusses einer Guttat, nach seiner Meinung, unwürdig machten, so bekam Gottfried niemals eine wirklich wohltätige Handlung zu sehen.

Herr Harpax gab seinem Sohne schon im achten Jahre seines Alters Anleitung, diese guten Lehren in Ausübung zu bringen. Er gab ihm eine Sparbüchse und wöchentlich einige Groschen Taschengeld. Am Ende der Woche mußte er allemal Rechnung ablegen, und wenn er gar nichts ausgegeben hatte, so umarmte ihn der zärtliche Vater, lobte seine Sparsamkeit und gab ihm auch wohl noch ein paar Pfennige zur Belohnung. Oft baten ihn seine Schulkameraden, daß er mit ihnen einen Spaziergang machen, oder reizten ihn, daß er mit ihnen von dem Obste etwas kaufen sollte, was die Jahreszeit mit sich brachte. Aber sein Vater widerriet es ihm allemal. Wenn er nun folgsam war, so lobte er ihn den andern Tag und sagte: Sieh', wenn du gestern mit deinen Kameraden dich vergnügt oder genascht hättest, so wäre heute die Freude hin. Da du aber mir gefolgt hast, so hast du dein Geld noch, daran du noch lange deine Freude haben kannst. Die Sparbüchse wurde oft durchzählt, und so oft die Scheidemünze zunahm, wechselte sie der Vater gegen schöne neugeprägte Viergroschenstücke oder halbe Gulden aus, damit Gottfried ja niemals die Lust anwandeln möchte, etwas davon auszugeben. So oft die Sparbüchse durchzählt wurde, stellte ihm Herr Harpax vor, was das für ein Glück sein würde, wenn er erst fünfzig Taler gesammelt hätte; dann könnte er sie als ein Kapital ausleihen und jährlich zum wenigsten zwei und einen halben Taler davon einstreichen.

Herr Hapax hatte das Vergnügen, zu sehen, daß seine guten Lehren nicht umsonst gegeben worden waren. Gottfried sah gar bald ein, daß Geld das einzig wahre Gut sei, das ein vernünftiger Mensch erlangen könne. Sein ganzes Bestreben ging dahin, dasselbe zu bekommen. Er versagte sich alle die Erquickungen, welche die Natur mit jedem Monate darbot, und verkaufte auch wohl die guten Bissen, die ihm bisweilen seine Großmutter schenkte, an seine

Schulfreunde. In seinem zehnten Jahre trieb er schon einen ziemlich einträglichen Handel, indem er durch allerhand List anderen Kindern ihr Spielwerk abzulocken wußte und es hernach wieder bei Gelegenheit zu Gelde zu machen suchte.

Hierdurch brachte er es nun wirklich so weit, daß er dem Vater im zwölften Jahre fünfzig Taler zum Ausleihen herzählen konnte und ihm dadurch eine solche Freude machte, daß der gute Mann Tränen vergoß.

Gottfried übertraf mit der Zeit seinen Vater. Seine Achtung gegen das Geld wurde so groß, daß er ihr alles aufopferte, was anderen Menschenkindern Vergnügen machte.

In seinem vierundzwanzigsten Jahr sah er ein liebes, schwarzäugiges Mädchen, bei deren Anblick ihm warm ums Herz wurde und in ihm der Wunsch aufstieg, mit ihr näher verbunden zu sein. Da er aber erfuhr, daß ihr Vermögen sich nicht über zweihundert Taler erstreckte, so sah er gleich das Ungereimte seines Wunsches ein, bekämpfte den heftigen Trieb des Herzens, besiegte ihn glücklich und schenkte seine Liebe einer reichen sechzigjährigen Witwe.

Sein Tisch war immer mit den wohlfeilsten Gerichten besetzt, und wenn er hörte, daß ein Käsehändler ein Faß voll Käse oder ein Fleischhauer ein Faß voll Pökelfleisch, weil es anfing zu verderben, um einen niedrigen Preis losschlagen mußte, so kaufte er allemal davon einen Vorrat auf etliche Wochen ein. Der Gedanke, daß er bei jeder solchen Mahlzeit etliche Pfennige gewänne, überwand allen Ekel, der dabei leicht hätte entstehen können.

Überhaupt hatte er den Grundsatz, jeder gute Hauswirt müsse erst das Fleisch riechend werden lassen, ehe er es auf den Tisch brächte, weil er aus Erfahrung gelernt hätte, daß das Gesinde von Nahrungsmitteln, die schon der Verwesung nahe wären, kaum halb soviel genösse als von guten, schmackhaften Mahlzeiten.

Vor allen menschlichen Gesellschaften bezeigte er einen großen Abscheu – aber doch war er nicht ohne Gesellschaft. Die goldenen und silbernen Männerchen, die er in seinem Kasten verwahrte, verschafften ihm die angenehmste Unterhaltung, und nichts erquickte ihn mehr, als der Gedanke, daß er täglich mit den größten

Potentaten umgehen könne, ohne daß ihm dieser Umgang einen Pfennig koste.

Den Freuden, die aus der Religion entspringen, versagte er allen Zutritt zu seinem Herzen, weil er besorgte, er möchte dadurch in dem Genüsse süßerer Freuden gestört werden. Die Zeit, die er in der Kirche zubringen mußte, wandte er dazu an, daß er neue Entwürfe, Geld zu gewinnen, machte, und sein Beichtvater will angemerkt haben, daß er oft während der Absolution mit den Fingern zählte, und also vermutlich eine Rechnung verfertigte.

So ging Gottfried aus der Welt als ein Herr von siebenzigtausend Talern. Er hatte zwar von alledem, was andere Menschen labt, nichts geschmeckt: weder die Freuden der Natur, noch die Religion hatten in sein Herz dringen können – dafür war er aber auch ein Herr von siebenzigtausend Talern.

Mittel, Kinder gegen gute Lehren unempfindlich zu machen

Predige ihnen ihre Pflichten unaufhörlich vor.

Wenn Frau Ursula sich in Gesellschaft ihrer Kinder befand, so tat sie nichts, als daß sie predigte. Viel, pflegte sie zu sagen, hilft viel, an guten Ermahnungen soll es meinen Kindern nicht fehlen. Nun, Kordelchen, sei heute fein artig! Heule nicht, zanke nicht! Wenn dir deine Schwester oder dein Bruder etwas zuleide tun, so kannst du es mir ja nur sagen. Wenn Fremde in das Haus kommen, so mußt du eine hübsche Verbeugung machen und die Hand küssen. Und das sage ich dir, daß du mir nicht immer auf der Gasse herumläufst! Gib Achtung, gib Achtung! ich werde einmal über dich kommen, daß es dir nicht gefallen soll! Du weißt ja, daß ich dir keine Freude verwehre, du kannst ja auf die Gasse gehen, wenn es dir gefällt, nur mußt du nicht immer auf der Gasse sein. Den Finger aus dem Munde! Fi! so machen es die Bauernmädchen. Und bei Tische – daß du ja fein sittsam bist. Sieh'! das artige Kontuschchen (Kleidchen), das ich dir angezogen habe, daß du es mir nicht schmutzig machst! Und pfropfe nicht zu viel in den Mund. Du kannst langsam essen, es entgeht dir ja nichts. Komm mir ja nicht noch einmal wie gestern und sprich: Fleisch! Suppe! Du kannst ja sagen: Lieber Papa, oder liebe Mama! wenn Sie wollen so gütig sein, so geben Sie mir noch ein wenig Fleisch oder Suppe! So steht es fein, so machen es hübsche Kinder. Wenn dann Fremde kommen und du bist so artig, so werden sie dich loben und sagen: Das ist wahr, Kordelchen ist eine recht artige Mamsell. Wie stehst du denn da? Kannst du denn nicht den Kopf gerade halten, so wie ich? Aber den dummen Anstand lernst du von der Magd. Daß du es weißt, du sollst nicht wieder auf ihre Stube gehen, nicht ein einziges Mal (hier schlug sie mit der Faust auf den Tisch), ich sage es dir! Du wirst noch eben so eine Käthe werden, wie das Mensch ist. Da mag sich die Mutter die Lunge aus dem Leibe reden, du bleibst immer, wie du bist. Nicht wahr, die schwarze Wäsche hast du noch nicht weggetragen? Da haben wir es, ich will noch Ordnung machen, eher will ich nicht ruhen! (wieder ein Schlag auf den Tisch).

Dies ist ein Stück aus einer Predigt, deren Frau Ursula täglich etliche an ihre Kinder zu halten pflegte.

Man hat angemerkt, daß der Mensch, wenn er kräftige Arzenei recht oft genießt, es nach und nach so weit bringen kann, daß sie gar keine Wirkung mehr tut.

So ging es dieser guten Frau mit ihren Predigten. Die Kinder wurden am Ende so daran gewöhnt, daß sie bei ihnen ebenso wenig Eindruck machten als die Unterredungen, welche die Mama bisweilen mit ihrem Löwenhündchen anstellte.

Noch ein Universalmittel, den Kindern allerlei Untugenden beizubringen

I.

Mache ihnen die Untugenden recht oft vor, die du ihnen beibringen willst.

1. Herr Robert behielt einmal einige Fremde zu Tische und erlaubte seinen Kindern, an der Gesellschaft teilzunehmen. Da betrugen sie sich so, daß die Gesellschaft mit ihnen äußerst unzufrieden war.

Sobald sie sich gesetzt hatten, fing Christoph an:

Das ist ja etwas recht Dummes und Albernes! Da ist einmal mein Messer nicht da. Ist's nicht wahr, Kaspar, du hast es mir vertragen?

K.: Halt den Rachen, du Tonkopf! Was schiert mich denn dein Messer!

Ch.: Freilich! Du hast es doch genommen, du störst alle Drecker[7] aus!

K.: Mutter! Christoph spricht, ich hätte sein Messer genommen

M.: Stille, stille, Kinder! Da, Christoph, hast du ein anderes Messer.

Ch.: Das ist auch ein rechtes Ding. Mit dem Schindermesser mag ich auch nicht essen.

K.: Nun? was soll denn das sein? Da hat der dumme Junge, der Christoph, mein Brot unter den Tisch geworfen!

M.: Er wird es ja nicht gern getan haben. Christoph, heb' es wieder auf!

Ch.: Da hat es der infame Racker, der Hund, schon in seinem Schinderrachen.

---

[7] Gemeint ist das niederdeutsche Wort »Trecker«, herzuleiten von trecken = ziehen; hier Schublade.

Die Gesellschaft sah einander an und gab einander durch Mienen ihren Unwillen ziemlich deutlich zu verstehen.

Herr Robert und Frau Robert, die sonst in der Aufführung ihrer Kinder nichts Ungebührliches bemerkt hatten, fühlten doch jetzt, daß ein solches Betragen nicht gar zu schicklich sei. Sie wurden rot, schlugen die Augen nieder, gaben den Kindern bald gute Worte, bald drohten sie mit dem Finger. Das half aber alles nichts, es kam immer eine Grobheit nach der andern zum Vorscheine. Jeder ihrer Ausdrücke war so plump und roh, wie man ihn kaum vom niedrigsten Pöbel erwartet.

Herr Robert fing endlich mit einer weisen Miene an: Es ist äußerst betrübt, daß man seine Kinder vor böser Gesellschaft nicht verwahren kann. Sie hören und sehen in unserem Hause nichts Böses; wenn sie aber unter die wilden Gassenjungen kommen, so lernen sie eine Ungezogenheit nach der andern. Behüte Gott, über die Ausdrücke! Solche Worte werden niemals in meinem Hause gehört.

Einer von den Fremden zuckte die Achseln, gab ihm Beifall und sagte, dies sei freilich unangenehm.

Nach Tische aber setzte er sich in eine Ecke, nahm Christoph vor sich und fragte: Aber höre doch, Christoph! Von wem hörst du denn die garstigen Worte?

Christoph steckte den Finger in den Mund und antwortete nichts.

Nun? was schämst du dich denn? Von wem hast du denn das Wort gehört: infamer Racker?

Von meinem Papa.

Aber von wem hast du denn das Wort gehört: Schindermesser?

Von meiner Mama.

Hier kam Frau Robert gänzlich aus der Fassung. Du Schinderknecht! sagte sie, von wem hättest du es gelernt? Von mir? Wart', laß nur die Herren fort sein, ich will dir die Gosche zerklopfen! – Der Flegel da! Denk', spricht, von seiner Mama habe er diese Ungezogenheiten gelernt. Hast du in deinem Leben so ein Wort von mir gehört?

2. Orbil war sehr scherzhaft, aber zu nichts mehr als einer Art von Scherzen aufgelegt und dies waren – Zoten. Er hatte eine Sammlung von wenigstens dreitausend unzüchtigen Anekdoten im Kopfe, mit denen er in Gesellschaften zu belustigen wußte, und ungeachtet, daß die meisten davon so beschaffen waren, daß man hätte glauben sollen, wer davon Gebrauch machen wollte, müsse notwendig ein Matrosenherz und eine Matrosenzunge haben, so besaß er doch Dreistigkeit genug, sie bei jeder Gelegenheit vorzubringen. Die Schmeicheleien, die er den Frauenzimmern sagte, waren allemal schmutzig, und wenn er neben dem blassesten Frauenzimmer saß, so wußte er doch von allen Gerichten, die auf den Tisch kamen, ihm so etwas Witziges zuzuflüstern, daß die Blässe sich in das höchste Rot verwandelte.

Und des Vaters Beispiel wirkte auf die Kinder mächtig. Der Junge wußte schon in seinem sechzehnten Jahre von sich selbst ein Dutzend, wie er sie nannte, Liebeshändel zu erzählen, und die Töchter waren so reich an zweideutigen Scherzen, daß selbst ein Postillon rühmte, von ihnen auf einer Lustreise noch gelernt zu haben.

3. Meister Fahrauf hatte den Grundsatz, daß ein freundliches, gefälliges Betragen etwas Weibisches sei, hingegen ein finsteres Gesicht und hämisches Wesen einem Manne zieme. Und er hatte nicht nur diesen Grundsatz, sondern er handelte auch danach.

Wenn er des Morgens durch das Haus ging, so hörte man ein so fürchterliches Brummen, daß man einen Bär hätte vermuten sollen, wenn nicht das Auf- und Zuwerfen der Türen hinlänglich bewiesen hätte, daß das Getöse von einem Menschen herrühren müsse.

Stieß eine seiner Töchter an ihn oder trat ihm aus Versehen auf den Fuß, so gab er ihr mit der Faust einen so heftigen Stoß in die Seite, daß sie gegen die Wand taumelte; er sagte: Dummes Mensch, kannst du dich nicht vorsehen?

Die Erinnerungen, die er den Seinigen gab, waren lauter Fragen, die so bitter waren, daß sie, außer seinen Hausgenossen, die schon daran gewöhnt waren, jedem anderen durch Mark und Bein gehen mußten.

Was sollen die Schuhe da? Du willst gewiß damit putzen? Du kannst sie ja lieber ein andermal auf den Tisch setzen!

Wann wirst du denn fertig? Du willst gewiß einmal eine Edelfrau werden, daß du so kommode bist! Was für ein Fraß ist denn das? Ist das auch Manier, einem ehrlichen Meister so ein Gesudel aufzutragen? Dies war der Ton, in welchem Meister Fahrauf seinen Hausgenossen Erinnerungen gab.

Die Befehle, die er erteilte, waren ebenso auffallend. Und wenn er sich mit ihnen besprach, so war es, als wenn man einen Schiffer mit seinen Matrosen reden hörte.

Dafür hatte er auch die Freude, daß alle seine Kinder sich nach ihm bildeten. Niemals forderte eins von dem andern etwas in einem gelassenen Tone. Margarete riß Katharine das Messer, die Nähnadel, die Schere oder was sie sonst haben wollte, mit Gewalt aus den Händen, und diese hielt es fest, stampfte und schrie. Ihre Spiele dauerten nicht länger als zwei Minuten, dann fuhren sie aufeinander hinein wie die Katzen, schnaubten, machten verzogene Gesichter, drohten mit den Fäusten und fielen einander in die Haare. Bei Tische stampften sie einander mit den Füßen und Ellenbogen.

Ihre verzogenen Gesichter sind die strengsten Wächter ihrer Keuschheit, weil sie jede Mannsperson, die sich ihnen nähert, zurückscheuchen.

4. Frau Gertrud ließ sich nie anders sehen als mit dem Kinde auf dem Arme. Mit dem Kinde auf dem Arme spazierte sie stundenlang vor ihrer Tür auf und ab; mit dem Kinde auf dem Arme saß sie etliche Stunden auf dem Stuhle, und mit dem Kinde im Arme verschlummerte sie den vierten Teil des Tages auf dem Bette.

Mit dem Kinde auf dem Arme trat sie aus dem Schlafzimmer ohne es sich einfallen zu lassen, für die Aufschüttelung der Betten und Wegschaffung der Auswürfe der Natur Sorge zu tragen. Mit dem Kinde auf dem Arme setzte sie sich zu Tische, stand von demselben in eben dieser Figur wieder auf und ließ den Tisch gedeckt, bis es wieder Tischzeit war. Mit dem Kinde auf dem Arme ging sie in die

Küche und den Hof, trat auf Löffel und Messer, stolperte über Gülten[8] und Eimer und niemals fiel es ihr ein, etwas wegzuräumen.

Und in ihrem ganzen Hause sah es aus wie in dem Hause einer Frau, die vom Morgen bis zum Abend das Kind auf dem Arme hat.

Ihr Mann war mit dieser Lebensart oft unzufrieden, glaubte Unordnung und Unreinigkeit zu bemerken, drang auf Abstellung des Unwesens, bekam aber allezeit zur Antwort: Unverständiger Mann! Wie kann ich mich denn um den Haushalt bekümmern, da ich den ganzen Tag das Kind nicht los werde!

Mathildis, die einzige Tochter, die sie großgebracht hat, ist jetzt verheiratet und sieht schon in dem ersten Vierteljahre ihres Ehestandes aus wie eine Frau, die den ganzen Tag das Kind nicht los wird. Bis jetzt hat die natürliche Farbe ihrer Haut nicht entdeckt werden können, weil ein ewiger Schmutz ihre Wangen und Hände bedeckte. Desgleichen ist ihr Haar immer in Unordnung. Ihren Anzug weiß sie gut zu wählen, indem die Farbe der Wäsche und der Kleidung mit der Farbe des Gesichts vollkommen übereinstimmt. Die Strümpfe sind durchlöchert und die Schuhe krumm getreten.

Wie es in der Stube aussieht, kann ich nicht sagen, weil, außer ihrem Ehemann, sich nicht leicht ein Sterblicher hineinzuwagen pflegt. Die Ausdünstungen modernder Speisen, Kleidungen und Auswürfe der Natur schrecken jeden zurück, der an die Schwelle kommt.

5. Ganz anders betrug sich Frau Hedwig. Diese tat den ganzen Tag nichts anderes als aufräumen, in Ordnung stellen, putzen und waschen. Die Reinlichkeit in ihrem Hause erstreckte sich bis auf das heimliche Gemach.

So sehr liebte sie die Reinlichkeit im Hause, in der Wäsche und Kleidung, daß sie sich dabei selbst vergaß. An das Abschneiden der Nägel dachte sie nicht eher, bis sie einen abstieß. Der Fußboden ihres Zimmers war lieblicher anzusehen als ihr Hals und Busen, und die Ausdünstungen ihres heimlichen Gemachs waren erträglicher als der Odem ihres Mundes.

---

[8] Gülte oder Gelte: Waschgefäß, Melkeimer.

Und Mamsell Hedwig ist das lebendige Bild der Mutter. Die Reinlichkeit ihres Hauses und Anzugs muß man bewundern, sie selbst aber – sie scheint sich als ein Nebenwerk zu betrachten.

Allgemeine Mittel, die Kinder um Gesundheit und Leben zu bringen

I.

Verzärtle sie!

1. Eine zärtliche Mutter stand in der Meinung, daß ihrem Kinde nichts zuträglicher sei, als die Wärme. Viel, dachte sie, hilft viel. Deswegen ließ sie ihr Zimmer immer so unmäßig heizen, daß jeder, der aus der frischen Luft in dasselbe trat, hätte ersticken mögen. Das Heizen nahm gewöhnlich seinen Anfang in der Mitte des September und dauerte bis zu Anfang des Juni. In diesem Zimmer mußte das Kind schlafen, bekam auch wohl noch eine Wärmflasche und wurde in Kissen so fest eingewickelt, daß es gewöhnlich vom Schweiß troff, wenn es herausgenommen wurde. Dann sagte die Mutter: Das Kind muß doch recht gut gedeihen, weil es so gut schwitzt. Aber zu ihrem größten Mißvergnügen bemerkte sie, daß es immer kraftloser wurde. Seine Farbe wurde zitronengelb, die Arme hingen ohne Leben herab, der Kopf schlappte immer auf eine Seite; endlich, da die Magd es einmal aus Versehen in die Zugluft getragen hatte, bekam es einen Steckfluß und – starb. Es war ein Pflänzchen, das in der Stube erzogen war, das verwelkt, sobald es in die freie Luft kommt.

2. Davor, dachte ihre Schwester, will ich mich hüten. Meine Kinder sollen frühzeitig an die Kälte gewöhnt werden. Sie ließ daher ihr Söhnchen bei der strengsten Witterung austragen und badete es bisweilen in eiskaltem Wasser. Im übrigen heizte sie ihr Zimmer ebenso stark wie ihre Schwester, und das Söhnchen hatte eben nicht leichtere Betten als ihrer Schwester Kinder. Bei dieser Lebensart troff Fritzchen am ganzen Leibe oft so sehr vom Schweiße, daß notwendig jede Erkältung ihm schädlich sein mußte.

Als ihn daher einmal seine Mutter, nachdem sie ihm das vom Schweiße nasse Hemd ausgezogen hatte, in einen Kübel voll kalten Wassers hielt, verdrehte er die Augen, machte eine Verbeugung und folgte seinem kleinen Vetter in die Ewigkeit nach.

II.

Entziehe ihnen die frische Luft!

1. Ehrwürdiger Herr, sagte einst eine Frau zu dem Geistlichen, der sie besuchte, der liebe Gott hat mir ein recht schweres Kreuz aufgelegt! Da sehen Sie nur die drei Würmer! Sie haben weder Mut noch Blut! Wie die gebackenen Heiligen sehen sie aus! Dem sind die Augen zugeschworen, das hat geschwollene Beine, und das dritte hat Schmerzen in den Ohren. Es schreit oft, daß man es über vier Häuser weg hört.

Ei, ei, meine Liebe! antwortete der Geistliche, das ist kein Kreuz, das ist eine Plage, die ihr euch selbst macht. Was soll diese Waschgölte[9] in einer Kinderstube? Das muß ja die ganze Stube voll Feuchtigkeit machen. Seht, wie naß die Wände sind, wie die Fenster triefen! Könnt ihr nicht begreifen, daß ihr eure armen Kinder dadurch um ihre Gesundheit bringt? Ich bin noch keine Viertelstunde bei euch, und schon fühle ich Kopfschmerzen. Ich dächte, ich müßte sterben, wenn ich acht Tage in dieser Waschstube wohnen sollte. Und was sollen diese Betten? Eure Kinder schlafen wirklich darin? Ach, gute Frau! Versündigt euch doch ja nicht an dem lieben Gott und gebt ihm schuld, als wenn er eure Kinder elend mache. Ihr seid die Mörderin eurer Kinder, weil ihr ihnen die gesunde Luft, die Gott allen Tieren genießen läßt, nicht einzuatmen erlaubt, sondern sie mit eurer Waschgölte und mit dem Trocknen eurer Wäsche vergiftet. Wenn ihr waschen wollt, so tut es im Hofe oder in der Küche! Die Wäsche hängt in den Hof oder auf den Boden! Lasset eure Kinder in einer Kammer schlafen und öffnet täglich die Fenster, daß die Luft sie einige Stunden durchstreichen kann! Was gilt's, ihr werdet gesunde Kinder bekommen? Nun, Gott behüte euch, ich kann unmöglich länger in dieser Waschstube aushalten!

2. Eben diesem Geistlichen begegnete einmal eine Frau, die im Begriffe war, zu dem Scharfrichter zu gehen, um bei ihm wegen ihres kleinen Mädchens einen guten Rat zu holen, dem, wie sie sagte, böse Leute etwas angetan hätten, daß es nicht gedeihen könnte; sie habe es schon etlichemal auf einen Kreuzweg gelegt und mit

---

[9] Siehe Anmerk. Seite 99

Beruf, Widerruf und Aller-Mann-Harnisch[10] geräuchert, es wollte aber alles nichts helfen.

Der Geistliche bezeugte hierüber seine Verwunderung, bat sie aber, den Gang zum Scharfrichter einstweilen auszusetzen. Ich will, sprach er, das Kind erst selbst sehen, und wenn die Krankheit von bösen Leuten ist, so will ich sie euch gewiß nennen.

Die Frau kehrte mit ihm um. Als er in die Stube treten wollte, kam ihm ein so widriger, fauler, modernder Geruch entgegen, daß er hätte ersticken mögen. Er verbarg seinen Unwillen und ging gerade auf das Kind los, das freilich sehr blaß aussah, im übrigen aber keine Merkmale einer wirklichen Krankheit an sich hatte.

Durch welche Gasse seid ihr denn gegangen, fragte er, da ihr das letzte Mal das Kind austruget?

Ach, das weiß ich nicht mehr. Es ist wohl in einem Vierteljahre nicht vor die Tür gekommen.

Wann habt ihr denn das letzte Mal die Fenster geöffnet?

Wohl in einem Jahr nicht.

Nun habe ich genug. Wißt ihr wohl, wer die böse Frau ist, die eurem Kinde etwas angetan hat?

Nun, wer denn?

Das seid ihr selbst!

I, vor den Kuckuck, ich dächte, Sie schämten sich! Wenn mir das ein anderer sagte, ich wüßte, was ich ihm tun wollte. Ich wohne nun so lange da, und kann mir kein Nachbar etwas Böses nachreden.

Wie gesagt, ihr selbst, und sonst niemand macht euer Kind ungesund. Habt ihr sonst weiter keine Stube?

Ja, droben! Da haben wir aber unser bischen Geprassele. Man kann hier nichts haben, weil alles beschlägt und schimmelt.

So – wer ist euch aber lieber, euer bischen Geprassele oder das Kind?

Freilich das Kind.

---

[10] Eine zur Familie der Liliaceen gehörige Pflanze (allium victorialis).

Nun, so bringt das Kind in die obere Stube. Diese liegt zu tief und geht in eine enge Gasse, in welche weder Sonne noch Mond scheint. Es ist eine beständige Feuchtigkeit da, die eurem Kinde so schädlich als eurem Geprassel ist. Macht ferner täglich die Fenster auf, daß frische Luft hineinkommen kann, denn in dieser Stube ist der Brodem von all den Erbsen, Klößen und Buttermilchsuppen, die ihr seit einem Jahre gegessen habt, alle die Ausdünstungen, die von euch, von eurem Manne und von eurem Kinde seit einem Jahre gegangen sind. Die sind alle nach und nach faul geworden. Wollt ihr eurem Kinde Mistpfütze zu trinken geben? Wirklich nicht? Nun, so dürft ihr ihm auch diese Luft, die noch ein bischen schlimmer als die ärgste Mistpfütze riecht, nicht einatmen lassen. Stinkende Luft ist dem Menschen so schädlich, als stinkendes Wasser.

Folgt mir, liebe Frau! Bringt euren kleinen Kranken in eine andere Stube, lasset täglich in derselben die Fenster öffnen, gewöhnt ihn nach und nach wieder an die frische Luft! Ich denke, es soll bald mit ihm besser werden.

Hilft es aber in vier Wochen nicht, so kommt wieder zu mir, so will ich euch, ehe ihr noch zu dem Scharfrichter geht, erst an einen braven Arzt weisen, der euch schon guten Rat geben wird.

Wie mir aber gesagt worden ist, soll es sich mit dem Kinde täglich gebessert haben, sobald die Mutter diesen guten Rat befolgt hatte.

III.

Gewöhne die Kinder an weiche, leckerhafte Speisen!

Wenn jemals ein Mann gewesen ist, der seine Kinder lieb hatte, so war es gewiß Herr Weichlich. Sie wären sein größter Reichtum, und wenn er bedachte, daß ihm über lang oder kurz eins sterben könnte, so war er untröstlich. Deswegen wählte er alle ihre Nahrungsmittel sehr sorgfältig, und weil er gehört hatte, daß manche Speisen und Getränke den Kindern schädlich wären, so hätte er ihnen lieber gar nichts zu essen und zu trinken gegeben, wenn er nicht besorgt hätte, sie möchten vor Hunger sterben.

Milch, pflegte er zu sagen, darf man den Kindern bei Leibe nicht geben, die schleimt. Ein paar Schälchen Kaffee des Morgens, das ist das Gesündeste, das befördert die Öffnung und Ausdünstung. Obst

– das führt zu viel Schärfe bei sich. Man hat Beispiele, daß Kinder, die Obst gegessen haben, an der Ruhr gestorben sind. Marie, daß ihr euch nicht etwa untersteht und gebt den Kindern Obst zu essen! So etwas leide ich in meinem Hause nicht. Und mit den Butterschnitten ist's auch bedenklich. Die Butter ist doch, ein öliges Wesen, die könnte leicht den Magen verderben. Trockenes Brot macht dicke Leiber und erzeugt Würmer. Ein Mandelherzchen oder Mandelringelchen ist wohl das beste Frühstück für Kinder. Die Mandeln sind eine nahrhafte Sache, und das Gewürz erwärmt den Magen. Zur Abwechselung können sie auch etwas Buttergebackenes essen. Dies ist unschädlich, die Butter ist doch darin gebraten. Bei Leibe dürfen die Kinder kein Gemüse genießen. Das bläht und verursacht Drücken im Magen. Ich lasse es gelten bei Bauernkindern, die haben die Magen dazu, aber mit Bürgerskindern ist es eine ganz andere Sache! Eine gut gewürzte Suppe, ein Stückchen Lamm- oder Kalbfleisch, ein Täubchen oder Hühnchen oder sonst etwas Weiches mit einer kräftigen Brühe, das schickt sich für Kinder am besten. Wasser schwächt den Magen, aber Wein und Bier geben Kräfte. Nur glaube ich, muß man die Vorsicht gebrauchen, daß man es am Ofen oder an der Sonne etwas laulich werden lasse, weil kaltes Getränk Husten verursacht und den Magen erkältet. Deswegen ist es auch gut, wenn man den Kindern allemal nach Tische ein paar Schälchen Tee machen läßt.

So pflegte Herr Weichlich zu sagen, so pflegte er auch wirklich seine Kinder aufzuziehen. Und doch hat er an ihnen wenig Freude erlebt. Es war bei ihnen kein Wachstum. Im zwölften Jahre waren sie kaum so groß als andere, wenn sie acht Jahre alt sind. Ihre Farbe war bleich, ihre Glieder waren kraftlos. Sie sahen die Kinder des Nachbars vor ihrer Türe herumspringen und nur selten wandelte sie die Lust an, sich in ihre Spiele zu mischen. Wagten sie es ja bisweilen, so hielten sie es kaum eine Viertelstunde aus, dann fielen sie so matt auf das Kanapee, als wenn sie eine weite Reise gemacht hätten.

Das eine starb an einem kalten Trunke, und das andere lebt noch, wenn anders das leben heißt, wenn man zu aller Arbeit untüchtig ist, von den meisten Nahrungsmitteln, an denen andere Menschen sich erquicken, nichts genießen darf, bald von Kopfschmerzen, bald von Magenkrämpfen geplagt wird, und vor einer Scheibe Schinken und einer sauern Gurke wie vor Gift sich fürchten muß. >

IV.
Gib deinem Kinde recht viele Arzeneien!

Philipp war das einzige Kind, welches Herr Dämon seiner lieben Frau hinterlassen hatte. Man kann also leicht erraten, daß sie es wie ihre Seele liebte und sehnlich wünschte, das einzige Denkmal der zärtlichsten Ehe behalten zu können. Ihr Bruder, der wohl sah, daß ihre ganze Zufriedenheit von dem Leben dieses Kindes abhänge, gab ihr deswegen den Rat, daß sie es an ungekünstelte Nahrungsmittel gewöhnen, seine Glieder durch kaltes Wasser stärken, vorzüglich ihm eine reine, gesunde Luft in seinem Wohn- und Schlafzimmer erhalten, es fein frühzeitig zur Tätigkeit gewöhnen, ihm täglich ein Spiel erlauben sollte, das mit Bewegung verknüpft wäre. Arzeneien sollte sie ja nie gebrauchen, bis es die höchste Not erfordere. Dies, liebe Schwester, sagte er, sind die sichersten Mittel, Kindern einen festen und dauerhaften Körper zu verschaffen. Helfen diese nichts, so ist auch alle Künstelei umsonst.

Aber Frau Dämon glaubte, diese Mittel wären viel zu einfältig, als daß sie helfen sollten. Sie kam sogar auf den schrecklichen Argwohn, als wenn ihr Bruder es nicht redlich mit ihr meinte und den Tod des Kindes wünschte, um einmal zu dem Besitze ihres Vermögens zu kommen.

Gewissenshalber ging sie also zu einem Arzte, um guten Rat bei ihm zu holen. Philipp war zwar munter wie ein junges Reh; sie glaubte aber doch, es sei besser, in der Zeit für seine Gesundheit und sein Leben zu sorgen.

In ihrer Nachbarschaft wohnte ein geschickter Arzt, den sie zuerst bat, ihr Kind zu besuchen. Er kam, befühlte Philipps Puls, lächelte und sagte: Ihr Kind ist gesund. Ich müßte Sie und Ihr Kind nicht lieb haben, wenn ich ihm nur einen Tropfen Arzenei geben wollte.

Aber, erwiderte Frau Damon, das Kind hat ja den Schnupfen, hier zeigt sich ja auch ein Ausschlag.

Das lassen Sie gehen, liebe Frau! versetzte der Arzt. Das sind Auswürfe der Natur, die zur Gesundheit dienen. Es wäre grausam, wenn man durch Arzeneien die Natur in ihren Wirkungen stören wollte.

Du magst mir, dachte Frau Damon, wohl der Rechte sein! Sie ging also zu einem andern und kam gerade zu einem von den Männern, die darauf ausgehen, sich eine unumschränkte Herrschaft über das Vermögen, die Gesundheit und das Leben ihrer Mitbürger anzumaßen, die wie die Tyrannen ihnen den Genuß der unschädlichsten Dinge untersagen, ihnen Abneigung gegen einfache Gesundheitsmittel und Liebe zum Gekünstelten einzuflößen suchen, die die Gesunden krank machen, damit sie bei ihnen Hilfe suchen mögen, die Krankheiten verlängern, die Schwächlichen wegen ihres Zustandes ängstlich machen, damit sie dieselben länger in Kontribution setzen können, kurz, die ihre Kunst nicht treiben, um ihren leidenden Nebenmenschen zu helfen, sondern von ihnen nach ihrem Belieben einen jährlichen Tribut heben zu können.

Zu diesem Manne, Herr Doktor Digestivus[11] hieß er, ging Frau Damon, und er versprach, sie den folgenden Tag zu besuchen.

Und er besuchte sie wirklich. Er fühlte Philipps Puls, er besah seinen Urin, er erkundigte sich, wie der Appetit, wie der Schlaf wäre. Und da er hörte, daß er sich in der letzten Nacht ein paarmal unruhig umhergeworfen habe, schüttelte er den Kopf und machte eine bedenkliche Miene.

Um des Himmels willen, schrie Frau Damon, was gibt's? was gibt's? Herr Doktor, gehen Sie mit der Sprache heraus!

Es ist halt eine bedenkliche Sache.

Und was denn?

Die ganze Natur des Kindes ist in Unordnung. Mit Gottes Hilfe denke ich es aber doch wieder herzustellen.

O, tun Sie es doch ja, bester Mann! Und wenn es hundert Taler kosten sollte, so will ich es gern bezahlen.

---

[11] Digestion = Verdauung.

Die Kinder, die am gesundesten aussehen, sind insgemein in den gefährlichsten Umständen. Die roten Äpfel sind gewöhnlich wurmstichig. Tausendmal lieber ist mir ein schwächliches Kind. Seit wann haben Sie das Kind laxiert?[12] Ich glaube in einem Jahre nicht. Mein seliger Mann sagte immer, Kinder dürften nicht mit Arzeneien geplagt werden, so lange sie gesund wären.

Ja, Ihr seliger Mann mag wohl verstanden haben, wie man eine Rechnung machen muß, aber um die Arzeneikunde hätte er sich unbekümmert lassen sollen. Überlegen Sie nur, wieviel ein Kind das Jahr lang zu sich nimmt! Das wird mehrenteils zu Schleim. In den meisten Speisen befindet sich eine schädliche Säure. Wenn nun dieses Zeug nicht abgeführt wird, so müssen ja daraus die schrecklichsten Zufälle entspringen. Eine Zeitlang merkt man nichts; aber hernach bricht es auf einmal los. Da kommen Krebsschäden, Steckflüsse, Schlagflüsse – hernach, wenn das Messer an der Kehle steht, da kommen denn die Leute zu uns gelaufen, da sollen wir gleich helfen, aber gewöhnlich ist es zu spät. Da haben wir ja das lebendige Beispiel an dem Friedrichschen Kinde, das sie die vorige Woche begraben haben. Die Leute wollten auch nichts brauchen! nun haben sie das Unglück. Mir darf kein Patient sterben, wenn man meinen Rat beizeiten sucht und befolgt.

Ach gern, gern will ich folgen. Sagen Sie nur, wie dem Kinde zu helfen ist.

Sehen Sie, liebe Frau, das Kind hat eine zusammengesetzte Krankheit, die wir Ärzte morbum mixtum nennen. Es will Zeit haben, wenn sie aus dem Grunde soll gehoben werden. Der Fluß aus der Nase zeigt ganz deutlich von einer Verschleimung, die wir erst zu heben suchen müssen. Wir müssen erst etwas Abführendes brauchen, daß wir nur die Brust verwahren, sonst könnte uns ein Steckfluß den Kram verderben. Observieren Sie einmal die Exkretion des Kindes, wenn es meine Latwerge eingenommen hat! Sie werden Wunder sehen. Sind wir hiermit zustande, dann – sehen Sie hier diesen Ausschlag? Ja, der wird mir auch noch ein Stück Arbeit machen! Die ganze Blutmasse ist verdorben. Ein paar Monate kön-

---

[12] Laxieren = abführen.

nen wir weiter nichts tun, als Palliativkuren gebrauchen. Wenn wir aber unsern Patienten erst bis zum Frühjahr haben, dann soll es frisch darauf losgehen; da bekommen wir Kräutersäfte. Wollen Sie noch etwas sehen? Da schauen Sie nur den Urin! Was das für ein Spektakel ist! Sie sehen nichts! Ja, wenn Sie wüßten, was der Ringel bedeutete, Sie würden in die Hände schlagen. Das bedeutet Würmer. Wenn Sie in den Leib des Kindes sehen sollten, Sie würden erschrecken. Da muß Wurm an Wurm sitzen, und zwar nicht die gewöhnlichen ascari, sondern lumbric.[13] Ja, ich will nicht ehrlich sein, wenn ich mir nicht in acht Tagen ein paar hundert lumbricos abzutreiben getraue. Doch dazu ist die Zeit jetzt noch nicht. Wir müssen erst über ein Übel Herr werden. Nun wußte Frau Damon, was sie so gern hatte wissen wollen. Sie übergab ihren lieben Philipp ganz und gar den Händen des Herrn Doktor Digestivus, der gleich den folgenden Tag die Kur anfing.

Es war eine grausame Kur, die sich ohne Tränen nicht wohl beschreiben läßt. Obst und Gemüse und was sonst Kindern gut schmeckt und Nahrung gibt, wurden dem armen Philipp gänzlich untersagt, und wenn er ein paar Kirschen essen wollte, so mußte er erst des Herrn Doktor Digestivus Einwilligung suchen. Desto mehr Latwerge, Schüttelgläser, Kräutertee und Pulver bekam er. Die Röte seines Gesichts, das Mark in seinen Gebeinen verschwand, der Appetit verlor sich. Umsonst weinte die Mutter vor dem Barbaren. Das ist mir eben recht, sagte er, so muß es kommen. Wir müssen erst alles abführen, ehe wir roborieren[14] wollen.

So dauerte die Kur drei Jahre, bis der barmherzige Gott Philipps Tränen ansah und ihn durch einen sanften Tod aus den Klauen seines barbarischen Peinigers befreite.

---

[13] Ascaris lumbricoides = Spulwurm.
[14] Roborieren = kräftigen.

Über tredition

Eigenes Buch veröffentlichen

tredition wurde 2006 in Hamburg gegründet und hat seither mehrere tausend Buchtitel veröffentlicht. Autoren veröffentlichen in wenigen leichten Schritten gedruckte Bücher, e-Books und audio-Books. tredition hat das Ziel, die beste und fairste Veröffentlichungsmöglichkeit für Autoren zu bieten.

tredition wurde mit der Erkenntnis gegründet, dass nur etwa jedes 200. bei Verlagen eingereichte Manuskript veröffentlicht wird. Dabei hat jedes Buch seinen Markt, also seine Leser. tredition sorgt dafür, dass für jedes Buch die Leserschaft auch erreicht wird.

Im einzigartigen Literatur-Netzwerk von tredition bieten zahlreiche Literatur-Partner (das sind Lektoren, Übersetzer, Hörbuchsprecher und Illustratoren) ihre Dienstleistung an, um Manuskripte zu verbessern oder die Vielfalt zu erhöhen. Autoren vereinbaren direkt mit den Literatur-Partnern die Konditionen ihrer Zusammenarbeit und partizipieren gemeinsam am Erfolg des Buches.

Das gesamte Verlagsprogramm von tredition ist bei allen stationären Buchhandlungen und Online-Buchhändlern wie z. B. Amazon erhältlich. e-Books stehen bei den führenden Online-Portalen (z. B. iBookstore von Apple oder Kindle von Amazon) zum Verkauf.

Einfach leicht ein Buch veröffentlichen: **www.tredition.de**

Eigene Buchreihe oder eigenen Verlag gründen

Seit 2009 bietet tredition sein Verlagskonzept auch als sogenanntes "White-Label" an. Das bedeutet, dass andere Unternehmen, Institutionen und Personen risikofrei und unkompliziert selbst zum Herausgeber von Büchern und Buchreihen unter eigener Marke werden können. tredition übernimmt dabei das komplette Herstellungs- und Distributionsrisiko.

Zahlreiche Zeitschriften-, Zeitungs- und Buchverlage, Universitäten, Forschungseinrichtungen u.v.m. nutzen diese Dienstleistung von tredition, um unter eigener Marke ohne Risiko Bücher zu verlegen.

Alle Informationen im Internet: **www.tredition.de/fuer-verlage**

tredition wurde mit mehreren Innovationspreisen ausgezeichnet, u. a. mit dem Webfuture Award und dem Innovationspreis der Buch Digitale.

tredition ist Mitglied im Börsenverein des Deutschen Buchhandels.

Dieses Werk elektronisch lesen

Dieses Werk ist Teil der Gutenberg-DE Edition DVD. Diese enthält das komplette Archiv des Projekt Gutenberg-DE. Die DVD ist im Internet erhältlich auf **http://gutenbergshop.abc.de**